20歳の自分に教えたい
経済のきほん

池上 彰

JN067331

SB新書
647

はじめに——日本経済が大きく飛躍する兆しを読み解く

　このところ円安が進んだかと思うと、急に少し円高になったりと、大きな変化が起きています。株価も上がりました。日経平均株価が大きく上昇し、「バブル崩壊以来の高値」と言われるようになっています。

　これまで日本経済はデフレが続き、「失われた30年」などとも言われましたが、どうやらやっとデフレから脱却し、今度はインフレの世の中になりつつあるようです。

　でも、どうして日本経済は、このように変動するのでしょうか。私が担当しているテレビ朝日系列の番組「池上彰のニュースそうだったのか!!」では、折に触れて、この問題を取り上げてきました。経済というと、どうしても「難しい」と思って敬遠してしまう人がいます。でも、私たちは日頃から働いたり、買い物をしたりという経済活動をしています。それなのに「経済は難しいから」と言っていたら、世の中から立ち遅れてしまいます。たしかに経済は難しい部分もありますが、順を追って少しずつ解きほぐしていくと、案外わかりやすくもなるのです。

そこで番組では、どうすればわかりやすくなるかを毎回スタッフと相談しながら進めています。番組スタッフはテレビ番組づくりのプロばかりですから、「なるほど、そう来るか！」と思わず私が唸《うな》ってしまうようなアイデアを出してくれています。

こうして毎週放送されている番組を本にしたら、多くの読者を獲得できるのではないかと考えた編集者から声がかかり、この本が誕生しました。

実はこれまでも「お金のきほん」や「現代史のきほん」、「地政学のきほん」など、番組から次々に本になっています。すっかりシリーズ化しています。

そして今回は「経済」です。経済の仕組みを基本から解説しています。本来は「基本」と書くべきでしょうが、「とてもやさしく解説していますよ」という意味を込めて「きほん」とひらがなになっています。日本経済の低迷、世界的な物価高、アメリカの銀行破綻、中国の特殊な経済システムなど、世界経済を読み解くには、円高・円安やインフレ・デフレなどの「経済のきほん」を知る必要があるからです。そのため、この本では「円安とはどういうことか？」「デフレとは？」など「経済のきほん」を、場面に応じてくり返し解説しています。

長く続いたデフレから脱却しようと、これまで日本銀行は金利をほとんどゼロにして景気の回復を目指してきましたが、ちっともよくなりませんでした。「景気はどうせ良くならないだろう」「給料はどうせ上がらないよね」というデフレ心理がすっかり染みついてしまっていたのです。

ところが世界的なインフレの波が日本にも襲いかかってきました。物価が急激に上がったのです。さまざまな商品が値上がりを始めると、「これでは生活できない」という悲鳴が上がり、政府は給料を上げるように企業に働きかけます。企業も社員の給料を上げないと、いい人材を確保できません。その結果、2023年から給料が上がり始めました。

それでも物価の上昇に追いつかず、生活は一段と苦しくなった人が多かったのですが、2024年は、さらに給料が上がりそうな気配です。

この動きを見て、日本銀行もゼロ金利をやめようとしているのではないかと言われています。これまでは景気を良くしようと金利をゼロに抑えてきたのですが、これは経済にとっては異常事態なのです。また、アメリカの金利が上がったことで、日米の金利差が広がり、それが極端な円安を招いています。円安が進めば輸入品の値段が上がり、物価高に直結します。日本銀行が金利を少しでも引き上げれば、円安に歯止めがかかることも期待できます。

こうして見てくると、２０２４年は、日本経済にとって大きな飛躍の年になりそうな予感があります。

経済の動きは、このように見ていけば、わかりやすくなるのです。今後、経済ニュースを見る上で、この本がお役に立てれば幸いです。

２０２４年３月

池上　彰

20歳の自分に教えたい経済のきほん　目次

第2章　銀行は絶対安全なのか？
――アメリカで銀行が次々と破綻した理由……49

第３章　資本主義って何？ 社会主義って何？

第4章 世界的値上がりの原因
——世界の経済活動が活発になっている

第５章　なぜ景気は良くならないのか？

――１９８７年と２０２３年の「１ドル＝１５０円」はどう違うか？

第6章 日本が目指す新しい経済のかたちとは?

第1章

basics of economy

新しいお金のかたち

――「塩」から「デジタル通貨」へ。お金の移り変わり

◉日本のキャッシュレス化は遅れている⁉

現在、日本のキャッシュレス決済比率は36パーセントです（出典：経済産業省2022年時点）。これは皆さんの買い物の総額のうち36パーセントがクレジットカードや電子マネーなどで支払われているということ。前の年が32・5パーセント、2020年が29・7パーセントですから、年々キャッシュレス化が進んでいることは確かです。でも、海外と比較するとどうでしょうか。入手可能な2021年のデータで比較してみましょう。

韓国のキャッシュレス比率は95パーセントを超え、中国は80パーセント以上、欧米などの主要な国でも40～70パーセント台です。どうやら日本は、先進国の中では遅れていると言えそうです。

しかし、これには理由があります。日本は至るところにATMがあり、簡単に現金を引き出すことができます。治安もいいので現金を持ち歩いても奪われる心配がありません。キャッシュレス決済をしなくても、そんなに不便を感じないわけです。

2022年の民間消費支出（308.5兆円）

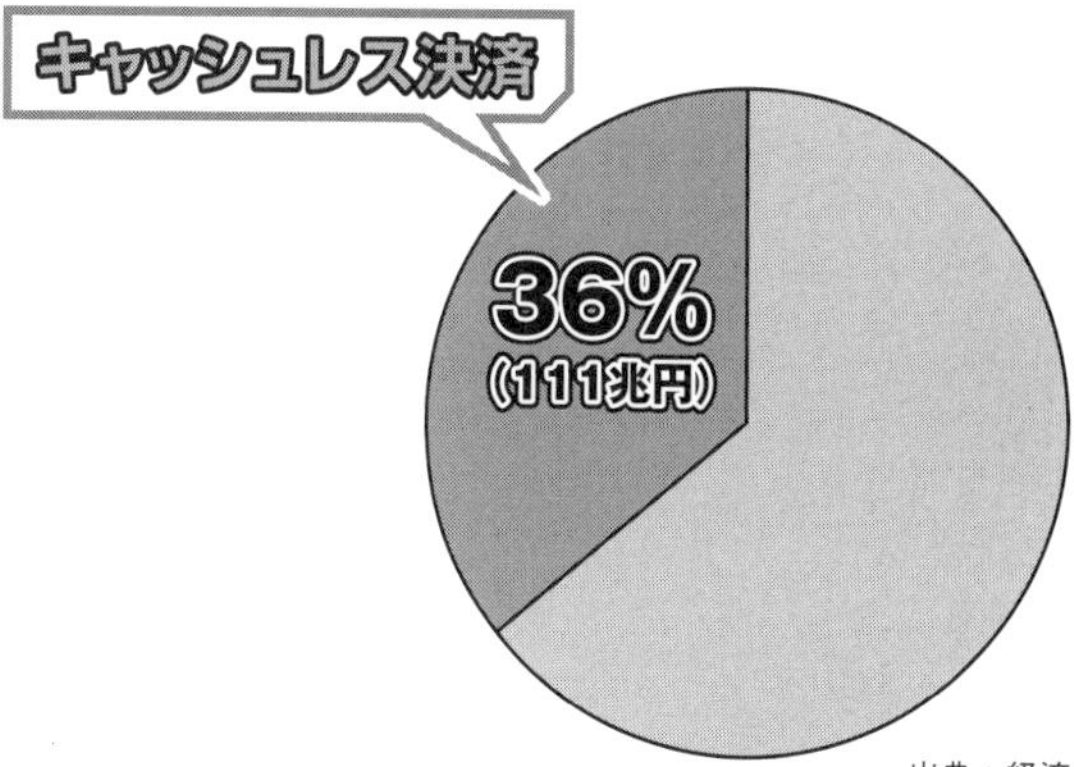

出典：経済産業省

世界主要国におけるキャッシュレス決済比率（2021年）

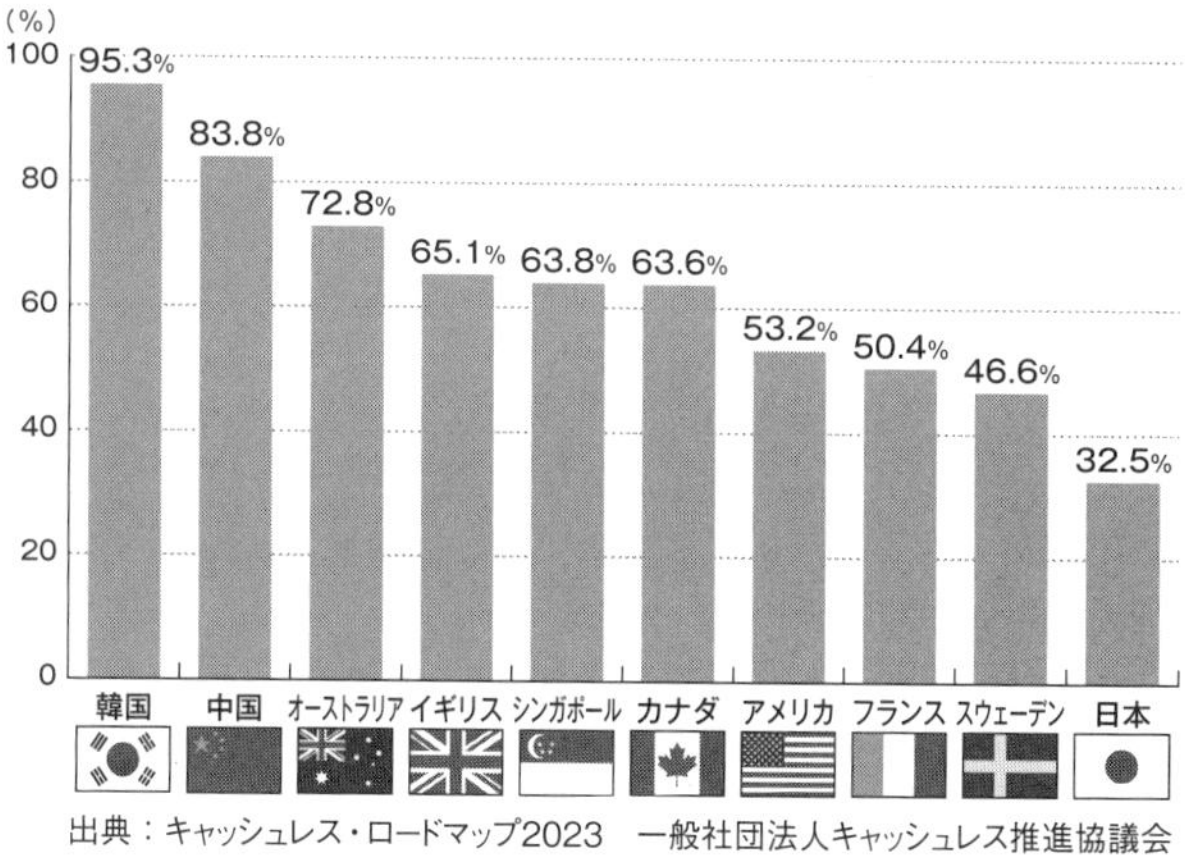

出典：キャッシュレス・ロードマップ2023　一般社団法人キャッシュレス推進協議会

お店の方も、たとえばクレジットカード決済にすると、カード会社に手数料を払わなければいけなくなります。現金ならその必要はないので、特に小規模な店舗の場合、現金で払ってほしいと思っているところが多いのです。この手数料負担も、キャッシュレス化の遅れの一因だといわれています。

●急速にキャッシュレス化が進んだケニア

近年、アフリカの国々ではキャッシュレス化が進んでいます。中でもいち早く成果を挙げたのがケニアです。

ケニアは銀行が少なく、田舎に行くと銀行の窓口や支店がほとんどありません。その代わり、携帯電話の普及率は人口比100パーセント以上にもなり（出典：ケニア通信局）、一人で二つ持っている人が大勢います。

なぜそうなったかというと、携帯電話で直接、送金、出金から支払いまでできるモバイルマネーサービスを世界で初めて導入したからです。M－PESA（エムペサ）と言います。このサービスのおかげで携帯電話での送金などがごく普通に行われるようになりました。

私がケニアの奥深い田舎に取材に行ったときも、周りに人家も店も何もないところで、携帯電話を使ってコメの取引をやっていたので驚いたことがあります。一瞬にして終わっていました。

ケニアでは貧しくて銀行口座を持てない国民も多いのですが、携帯電話さえあれば公共料金の支払いも給料の受け取りも全部できるようになり、これで一気にキャッシュレス化が進んだのです。

●そもそもお金にはなぜ価値があるのか!?

これまでは現金で買い物をするのが当たり前だったのに、近い将来、現金が要らない世界がやってくるかもしれません。そうなると、「いったいお金とは何だろうか?」という疑問がわいてきます。

あなたが小さい頃、100円硬貨や千円札などは既にあって、お金は価値のあるものと当然のように思っていましたよね。では、千円札は紙でできているのだからと、あなたが名刺サイズの紙に「1万円」と書いて、これをお金として使うことはできるでしょうか。1万円の商品を買おうとしてお店の人にあなたの手作りマネーを渡しても、100パーセント受け取ってもらえません。それはただの紙切れにすぎず、お金としての信用がないからです。

相手が「確かに1万円の価値があるな」と思ってくれない限り、あなたの手作りマネーで支払いをするのは難しい。でも、考えてみてください。あなたが所持している本物の千円札や1万円札も、火を付ければ燃えてしまうただの紙切れです。同じ紙切れなのに、なぜこちらは支払いに使えるのでしょうか。

答えは、お金としての信用があるからです。

ここでこんな疑問が頭に浮かびませんか。

「私たちの祖先は、最初はどうやってお金を信用させて、世間に流通させたのだろうか?」

考えてみれば不思議な話です。そこでまず、お金の歴史や意外と知らないお金のことを学んでいきましょう。

◉お金が生まれる前は物々交換

はるか昔、お金が生まれる前は、物々交換が行われていました。

お互いに欲しいものを交換できればウィン・ウィンですが、食べ物だと交換する前に腐《くさ》ってしまったり、そもそも自分が欲しいものを相手が持っていなかったりして、何かと不便でした。

そこで、次第に誰もが欲しがり、長持ちするものと交換するようになっていったのです。

古代ローマでは、兵士の給料は塩で渡されていたという説があります。生きていくために塩はなくてはならないもの。塩でもらえれば、それを自分の好きなものと交換できるわけです。兵士に渡される塩のことをラテン語でサラリウムと言います。英語のサラリー（給料）はここから来たことがわかるでしょう。（諸説あります）

子安貝という非常にきれいな貝（貝殻）をものと交換したのが古代中国です。きれいな貝はみんなが欲しがるので、貝を物々交換の仲介役として使い、これがやがてお

お金はどんなふうに生まれたのか？

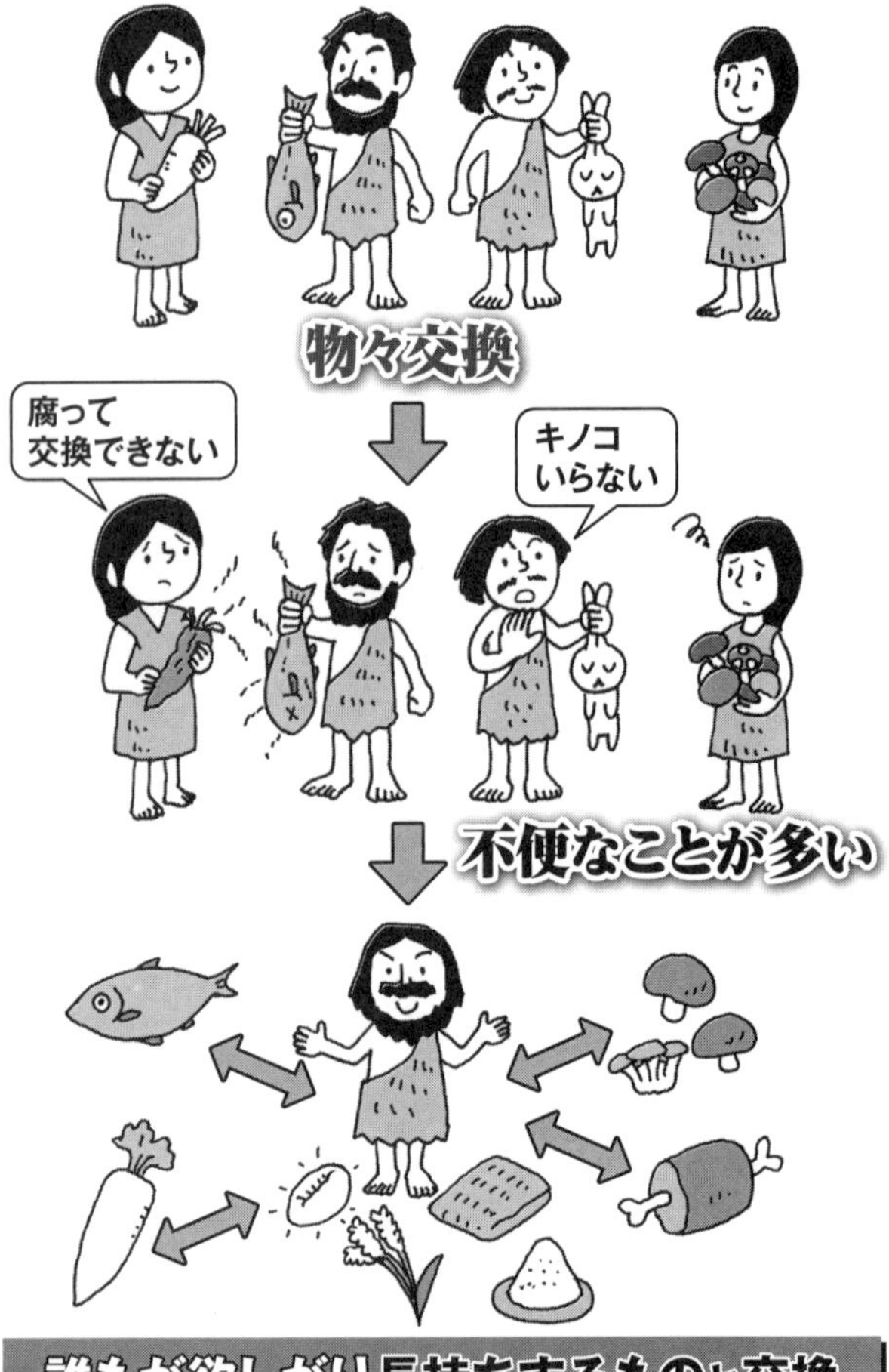
誰もが欲しがり長持ちするものと交換

金になっていきました。

その証拠がちゃんと残っています。何だかわかりますか？

私たちが使っている漢字です。漢字の多くは中国から入ってきました。その中のお金に関する漢字にはみんな「貝」が付いています。「買う」という字、貯金の「貯」、貴重品の「貴」、財産の「財」、みんなそうですね。

このように言葉で証拠が残っています。

●金貨・銀貨の誕生。国が発行して高い信用を得る

物々交換に使われたものが、のちにお金として使われるようになったのは、みんながそれをお金だと認めるようになったからです。言い換えれば、人々に信用されるようになったということ。では、この信用はどうやったら生まれるのでしょうか。

お金の信用は、①貴重であること、②便利であること、この二つの条件を満たすことで生まれます。

塩や貝をたくさん持ち運ぶのは、かさばったり重くなったりしてとても不便です。

貝を物々交換の仲介役として使った

子安貝

中国

モノと貝殻を交換していた

お金に関する漢字

買	貯	貴
財	貨	賭

お金の信用

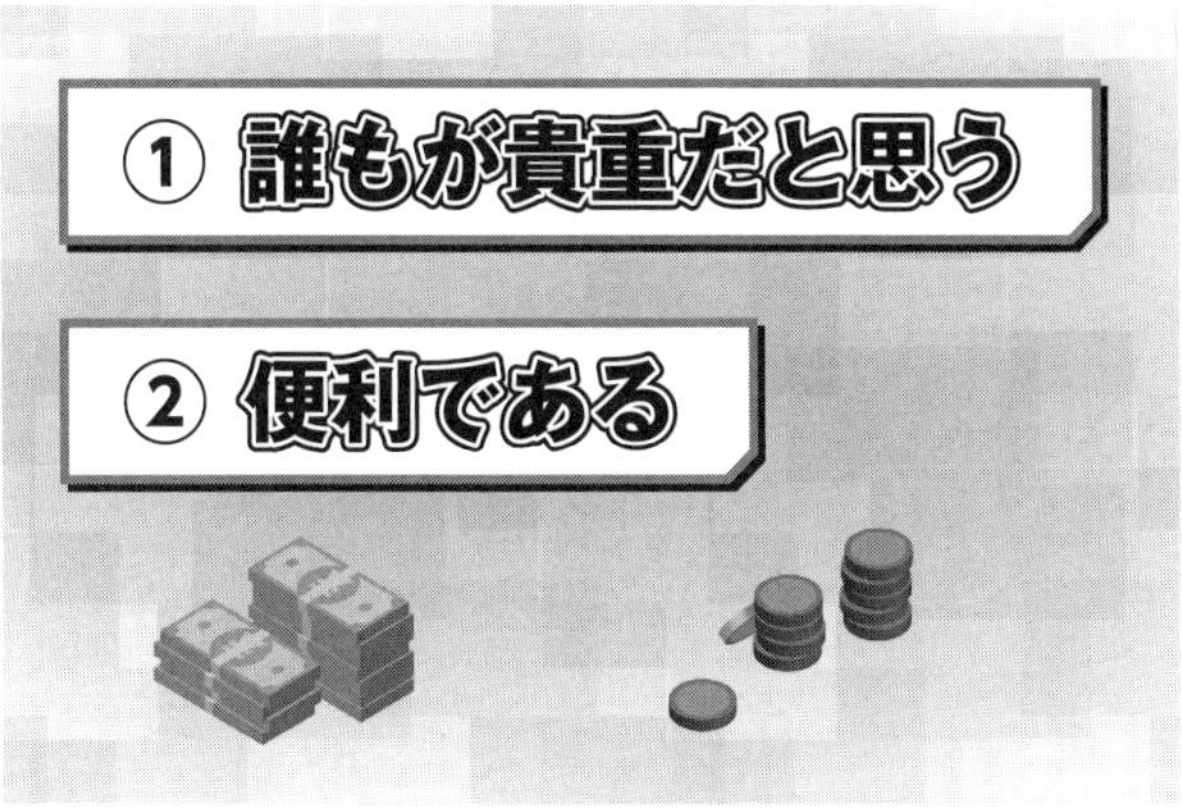

そこで、誰もが欲しがり、持ち運びしやすいあるものが流通するようになりました。それが金貨や銀貨です。

金や銀は美しく輝いていて、みんなが欲しがるものですが、簡単には手に入らない貴重品です。ただ、金の塊《かたまり》や銀の塊だと持ち運びが大変なので、これをコイン状に加工して持ち運びを便利にしました。こうして誕生したのが金貨、銀貨です。

その後、これらを発行する権利を国が独占するようになり、国がお墨付きを与えることでお金は高い信用を得るようになったのです。

こうしてお金は誕生した

●クレジットカードはどうやって誕生した？

私たちの暮らしの中では、お金ではなくてもお金のように使えるものがあります。その歴史を見れば、驚きの発見があるはずです。

現金を持っていなくても買い物ができるといえば、すぐ思い浮かぶのはクレジットカードです。日本の保有率は80パーセント以上に達し、現役世代の間で広く普及しています。

このクレジットカードはいつ頃生まれたかご存じですか？

世界初のクレジットカード専用会社ができたのは1950年です。誕生のきっかけは、創始者がある恥ずかしい思いをしたからでした。（諸説あります）

今から70年ほど前、アメリカのとあるレストランで実業家のマクナマラ氏が友人と食事をしていたときのこと。

マクナマラ　おいしかったね。きょうは私がごちそうするよ。

生活に身近なクレジットカード

20～60代の男女
3500人に調査

クレジットカード保有率 **約87%**

出典：JCB「クレジットカードに関する総合調査」2020年度版

友人　ごちそうさまです。

マクナマラ　あれ、財布がない。家に財布を忘れた。どうしよう。

あわてて奥さんに連絡して財布を持ってきてもらい、支払いは済ませたものの、「ああいうときって気まずいよな。何とかならないものかな」と考え込んでしまいました。

そこでマクナマラ氏はひらめいたのです。

「後払いで食事ができる仕組みを作ろう！」

登録さえしていれば、後払いで食事を楽しめるクラブを作り、まずはレストランからスタートしました。それが食事を楽しむ人のためのクラブ、ダイナースクラブです。

最初はプラスチック製ではなく、実は手帳のような紙製でした。プラスチックのカード型になったのは1961年のこと。この頃、クレジットカード会社が次々誕生し、利用者もどんどん増えていったのです。

ちなみに、日本で初めてクレジットカードを導入したのはあの有名なマルイです。1960年（昭和35年）に株式会社丸井が発行しています。

クレジットカードはどうやって誕生した？

※クレジットカードの起源は諸説あります

地域通貨とは？

当初は紙製で、1回だけの使い切りでした（現在のクレジットカードの機能とは異なります）。

●地域通貨が生まれた背景は？

お金とは言えないけれど、ある地域でのみお金として使えるものがあります。それが地域通貨です。お金を使えば済むのに、なぜわざわざそんな仕組みを作ったのでしょうか。

過去にこんな出来事がありました。

今から90年ほど前、1929年にアメリカで起こった株価の大暴落。その影響で1930年代は世界中が大不況になり、オーストリアのヴェルグルという町でも失業者が溢《あふ》れかえっていました。

「このままだと町がつぶれてしまう」と心配した町長は、あるプランを思いつきます。

「この町で絶対に使ってくれるお金を作ろう！」

それが、使わないと価値が下がってしまうお金です。まず失業者を雇って給料の一部をこれで払います。受け取った人は毎月1回、額面の1パーセントのスタンプを購入して貼らないと使えません。つまり、使わないと毎月1パーセントずつ価値が下がるという仕組みです。これを自分の町だけでお金として使えるようにしたのです。

すると人々は「価値が下がってしまうくらいなら使った方がいい」と考えました。実際、みんなが使うようになって町の景気は復活したそうです。

日本でも、2015年に全国の自治体が景気対策として、地域限定で使えるクーポン（プレミアム付商品券）を発行しました。またコロナ禍で消費が落ち込んだ2021年にクーポンの話が出たのは、地域活性化の狙いがあったためでもあるのです。（当初は5万円の現金給付と同額のクーポン発行という案でしたが、後に10万円の現金給付を認めるプランに変更されました）

地域通貨の始まり

1929年
株価大暴落
1930年代
世界大恐慌
ヴェルグル
（オーストリア）
このままだと
町がつぶれ
てしまう…
失業者
地域通貨（労働証明書）で給料の一部を支払い
毎月1回
額面の1%の
スタンプを
購入
使わないと
価値が下がる！
価値が下がるくらいなら
使った方がいい！

「プレミアム商品券」

景気対策でクーポンを発行

共同通信社

●デジタル通貨、仮想通貨、電子マネーの違いは？

ここ10年ほどで急速に普及し、多くの人が使うようになったのがデジタル通貨、中でも電子マネーです。

デジタル通貨は、コンピュータで扱えるデジタルデータをお金として使えるようにしたもの。紙幣や硬貨と違って物理的なかたちを持たないのが特徴です。

そのデジタル通貨には大きく分けて2種類あり、それが電子マネーと仮想通貨（暗号資産）です。電子マネーは、国が発行したお金をデジタルデータに変換したもので、鉄道会社や大手流通会社をはじめ民間企業が競うように発行してきました。交通系のＳｕｉｃａ、ＰＡＳＭＯ、流通系のＷＡＯＮ、ｎａｎａｃｏ、クレジットカードと連携したｉＤ、ＱＵＩＣＰａｙなどが有名です。

事前に現金をチャージ（入金）して使うタイプ、後で使った分だけ銀行口座から引き落とされるタイプの他、即座に銀行から引き落とされるタイプもあります。

電子マネーは、いちいち財布の中からお金を出す必要がなく、お釣りの受け渡しも必要ないため、スムーズな買い物ができてとても便利です。これからさらに普及が進むことでしょう。

では、ビットコインに代表される仮想通貨とは一体どういうものでしょうか。

約10年前、２０１４年2月にビットコインの取引所、マウントゴックスが倒産して大きなニュースになりました。仮想通貨が日本で広く知られるようになったのは、この事件がきっかけだといわれています。

デジタル通貨の一種である仮想通貨は、簡単に言えば、インターネット上にしかなく、国が発行したお金とは無関係に存在するお金です。

仮想通貨とは？

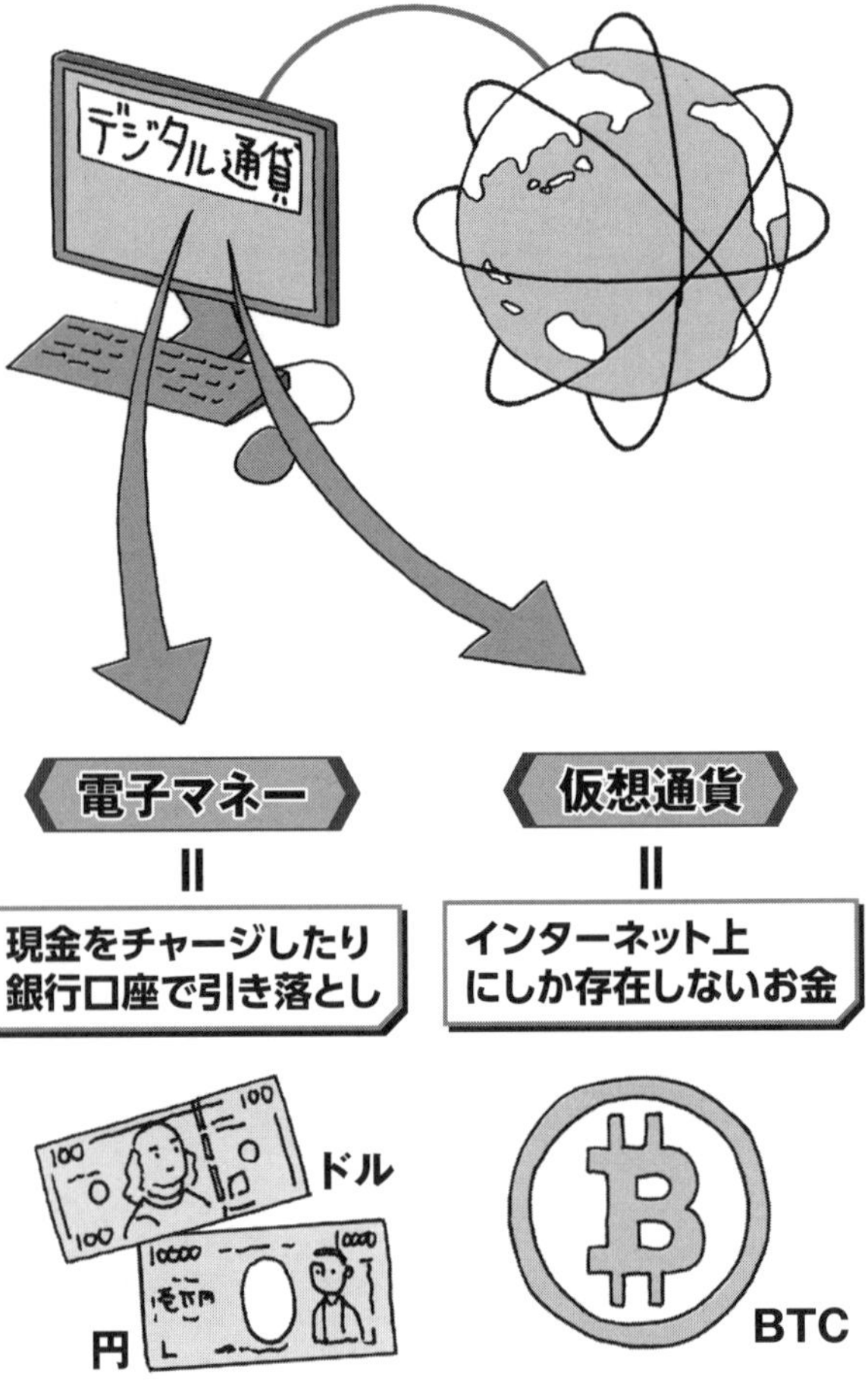
デジタル通貨
電子マネー
＝
現金をチャージしたり
銀行口座で引き落とし
仮想通貨
＝
インターネット上
にしか存在しないお金
ドル
円
BTC

国が発行したお金のことを法定通貨と言いますが、電子マネーはこの法定通貨をデジタルデータに変えたものです。一方、仮想通貨は民間業者が独自に発行しているため、法定通貨とは無関係です。そういうものが一部の店舗で普通に使えて、円やドルなどとも交換できるというので脚光を浴びたのです。

そこで、日本政府は通貨と呼ばずに「暗号資産」と呼んでいますが、ここでは従来の呼び方「仮想通貨」としておきます。

仮想通貨にはビットコインだけでなく、リップル、ライトコイン、イーサリアムなどいろいろな種類の通貨があります。また、投機（短期的に売買して利益を得る取引）の対象になっていて、中にはこれらに大金をつぎ込む人もいます。そんな仮想通貨について、もう少し詳しく説明しましょう。

◉仮想通貨はこうして誕生した！

仮想通貨はどこかの国や企業が開発したわけではないという点でユニークです。

最初に、「インターネットで使えるバーチャルな通貨があったらいいのに」と思った人たちがいて、その人たちが一生懸命仕組みを考えるところから始まりました。仮想通貨の原形のようなものが出来上がると、コンピュータに詳しいお互い見も知らない人たちが、これを安全で使いやすいものにするにはどうしたらいいかとアイデアを出し合って、より良いものを作ってきました。

インターネット上にお金を持つことで、ビットコイン同士なら海外との取引も手数料があまりかからず、国ごとに貨幣価値も変わらないので、ある意味、世界共通のお金として使うことができます。

たとえばアメリカの商品を買った場合、今ではクレジット決済という方法もありますが、昔は面倒な手続きをしてお金を送らなければなりませんでした。その商品が1万円だったとして1万円をアメリカに送金するには、銀行の窓口に行って依頼し、3000円ほどの手数料を払う必要がありました。1万円の買い物で手数料が3000円は高すぎます。ビットコインがあれば手数料はわずかで済み、銀行に行く手間も省けてあっという間に決済が成立する。この方がはるかに便利ではないかと考えた人たちが仮想通貨の開発に取り組んだのです。

仮想通貨が実用化されてからは、もともとそういうものを求めるニーズがあったので、世界中に広がっていきました。

●仮想通貨がお金として通用するのはなぜ？

ところで、あなたは勤め先から「給料はビットコインで支払う」と言われたら承諾しますか？　それとも拒否して「これまで通り、日本円で銀行振込にしてほしい」と言いますか？

これは要するに、ビットコインは本当にお金なのか、という問題です。お金だと思う人は「イエス」と答えるでしょうし、お金ではないと思う人は「ノー」と答えるでしょう。

では、そもそもお金はなぜお金だと言えるのでしょうか。たとえば、あなたが持っている1万円札はまぎれもないお金です。その1万円札で日本全国どこでも買い物ができるのはなぜですか？

20ページで解説したように、誰もが1万円札はお金だと認めているからですね。言い換えれば、みんながお金だと思っているからお金として通用するわけです。

さらに言えば、1万円札には「日本銀行券」と書かれていて、日本の紙幣は日本銀行が発行しています。紙幣を日本のお金として認めるという国の法律も作られました。こうした制度の下で、誰もが日本銀行や日本という国を信頼しており、その信頼に基づいてみんなが1万円札をお金だと思っているからお金として流通しているのです。

ビットコインはどうかというと、ビットコインをお金だと思っている人たちが使っています。しかも、そういう人は世界中にいるので、ビットコインをお金と思っている人の間では国境を越えた取引が簡単にできます。

たとえば、アメリカの商品を買うときは、為替レートの変動を気にしながら円をドルに替えて買うのが普通ですが、ビットコインが使える店なら、ビットコインで表示された値札を見て決済するだけです。

ビットコインをお金だと認める人は、10年前の日本では少数派でした。しかし、現在ではかなりの人がお金と認めるようになっています。

●2400円が4年後に1800万円になった人も

2017年、家電量販店のビックカメラがビットコイン決済を始めて話題になりました。ただ、日本でも世界でもビットコインを決済手段で使う人はまだ少ないのが現状です。それよりも、ビットコインをお金と認めた上で、投機的に売買する人が多いのです。

モノの値段は、欲しいと思う人が多ければ需要と供給のバランスで上がっていきます。ビットコインも欲しいと思う人がいつの間にか増え、値段が上がったり下がったりを繰り返しながら、長い目で見ると大きく上昇しました。

1ビットコインは日本の仮想通貨両替所のマウントゴックスが倒産した直後の2014年2月に約1万8000円でしたが、2023年11月末時点では550万円を超えています。

なぜ仮想通貨に手を出す人がいるのかというと、なんといっても儲《もう》かるからです。

ビットコインが始まったのは2009年頃とされていますが、初めは1ビットは日本

仮想通貨は値動きが激しい

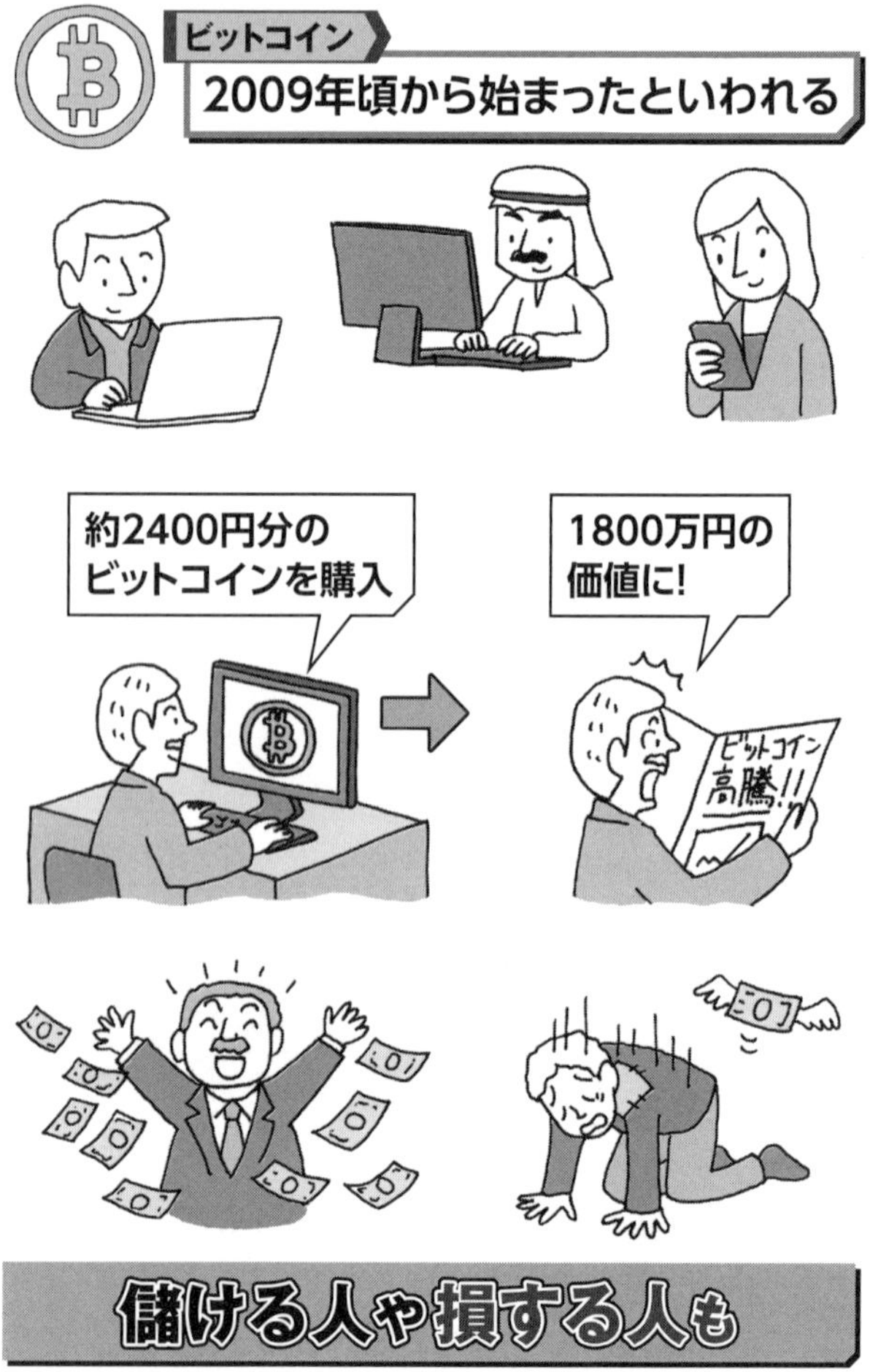

ビットコイン
2009年頃から始まったといわれる
約2400円分の
ビットコインを購入
1800万円の
価値に!
ビットコイン
高騰!!
儲ける人や損する人も

円で1円にも満たない値段でした。

当時、ノルウェーの男性が遊び半分で日本円に換算して約2400円分のビットコインを買ったそうです。それから4年間忘れていて、あるときビットコインが値上がりしたという話を聞き、確認してみたら1800万円になっていました。2400円が何もしないで1800万円です。大喜びで現金に替えて家を建てたということです。

こういうニュースを聞けば、自分もやってみたいと考える人が増えるのは当然です。しかし、仮想通貨は値動きが激しく、大儲けする人がいる一方、大損する人もいます。それでも最近は大勢の一般の人が買うようになってきました。

●管理のカラクリが画期的だった！

仮想通貨が普及してきた理由は、管理のカラクリが画期的だったからです。

この点は金と同じイメージで考えるとわかりやすくなります。金本位制というものがあったように、金はかつてお金の単位として使われました。地球上にある金の量は、まだ掘り出されていない分も含めて限られていて、そのことによって一定の価値

金の価値が保たれているのはなぜ？

が保たれています。

それと同じで、ビットコインも全体の発行枚数に制限が設けられました。上限は2100万ビットコインと決まっています。

具体的な仕組みについては、次のような例を考えてみました。

Aさんがネット上でスマートフォンかパソコンを使ってBさんに1ビットコイン送ったとします。それを受けて、Aさんがネット上に持っている財布には「AからBに1ビットコインを送った」というデータが残り、同じくBさんの財布にも「Aから1ビットコインを受け取った」

ビットコインの管理の仕組み

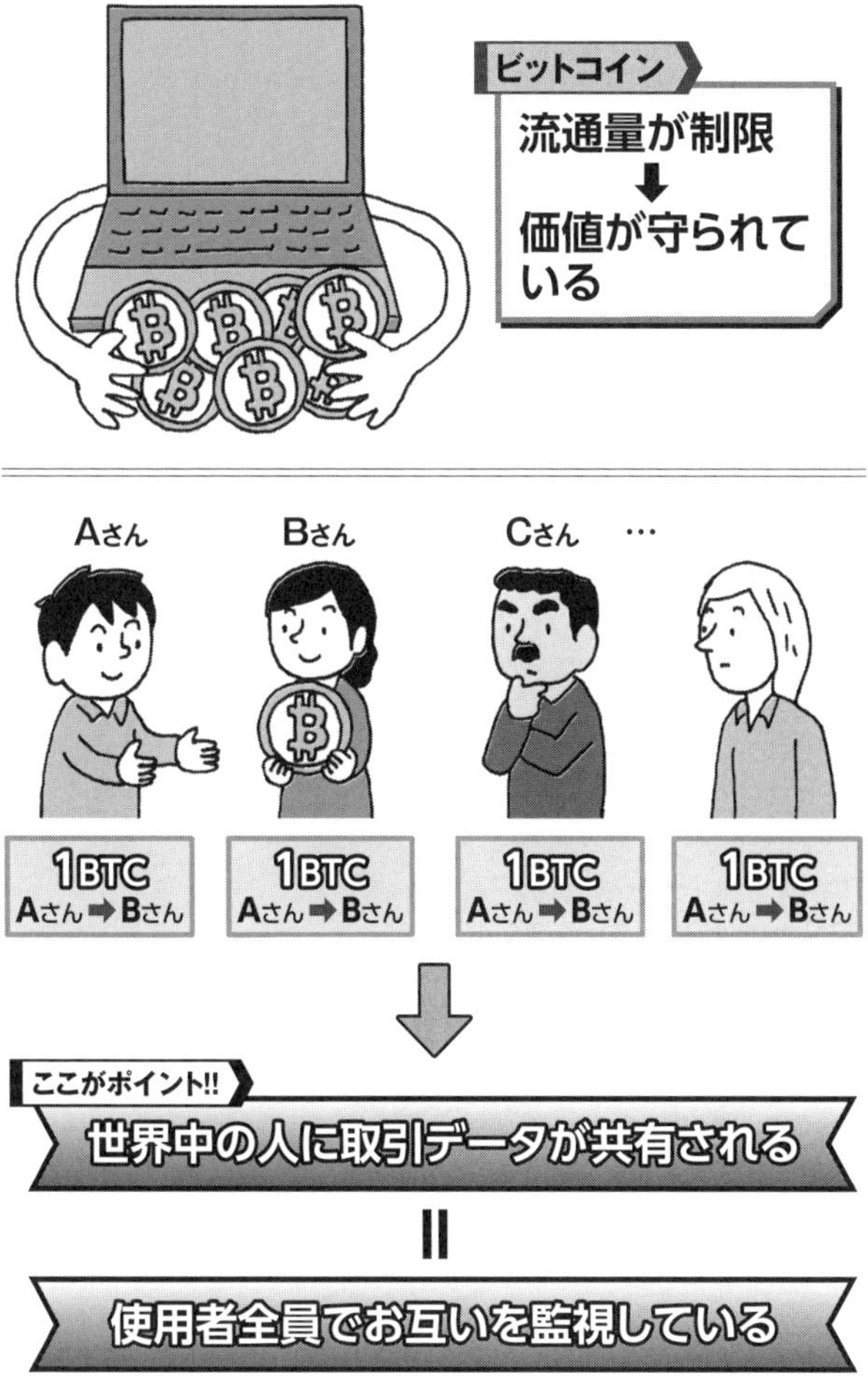

というデータが記録されます。ここまではごく普通の話です。

ところが、この取引に関係していないCさんもネット上に財布を持っていて、ここにもAさんからBさんに1ビットコインが行ったという記録が入るのです。

実は、ビットコインを取引している世界中の人に、このデータが同じように送られます。そうすると、AさんがBさんに1ビットコイン送ったとき、Bさんが「えっ、そんなことは知らないよ。来てないよ」と言ってだまそうとしても、世界中の人のあらゆるコンピュータに取引データが残っているのですぐわかってしまいます。

もちろん、実際にはデータは暗号化されていて、個人を特定することはできないことになっています。なので「暗号資産」というのです。ただ、全員にデータを送ることで不正やデータの改ざんを防ぐことができるのです。

このように、ビットコインを使っている人たち全員で、常にコンピュータでお金の動きを監視する仕組みができています。その上、データもきちんと残るのでみんな安心して取引できます。これがビットコインの信用につながっているわけです。

仮想通貨は政情の影響を受けない

●政情不安だとビットコインを持っている方が安全

ビットコインに代表される仮想通貨は、これからますます利用者が増えるでしょう。今はまだ価格変動が激しく、短期的な売買で大儲けしようとする人が目立ちますが、利用者が増えれば価格変動もそんなに目立たなくなるはずです。

円やドルの為替相場も変動はしますが、売買に参加する人数が非常に多いため、極端に乱高下することはありません。利用者が増えれば、ビットコインもいずれそうなっていくと思われます。

政情不安の国の人にとっては、ビットコインは決済通貨として魅力的です。

たとえば、２０１４年のクリミア危機でクリミア半島がロシアに占領されました。それまでクリミアではウクライナの通貨が使われていましたが、突然それが使えなくなってしまいました。

このとき、「ビットコインにしておけばよかった」という声が上がったそうです。その国の法定通貨が使えなくなっても、ビットコインなどの仮想通貨は影響を受けないからです。

私たちは円という非常に安定したお金を持っているため、「ビットコインなんて信用できない」というふうに思いがちですが、政情不安の国やアフリカのように国が安定しておらず、銀行が未発達で、銀行に行くまで何日もかかるようなところに住んでいる人にとっては、携帯電話さえあれば取引ができるビットコインの方が便利なのです。

ただし、仮想通貨には第2章で説明するペイオフのような制度はありません。損をしても自己責任であり、誰も補償してくれないということは頭に入れておく必要があります。

第2章

basics of economy

銀行は絶対安全なのか？

——アメリカで銀行が次々と破綻した理由

◉アメリカで大手銀行3行が相次いで破綻

2023年3月、アメリカの金融業界に激震が走りました。カリフォルニア州にあるシリコンバレー銀行が破綻《はたん》したのです。

シリコンバレー銀行は多くのIT企業やベンチャー企業を顧客に持ち、総資産はアメリカで16番目という大手の銀行でした。そんな銀行があっという間に破綻してしまったため、アメリカのみならず世界を驚かせました。

その数日後、今度はシグネチャー銀行が破綻。さらに5月に入ってファースト・リパブリック銀行が破綻しました。3行とも地方銀行ですが、いずれもアメリカの中では大手です。

短期間に三つの有力銀行が破綻するという異常事態が起きたことで大きなニュースになりました。

なぜ大手銀行が次々に破綻したのか？

銀行が破綻するとどんなことが起きるのか？

銀行は世の中のお金を回す役割

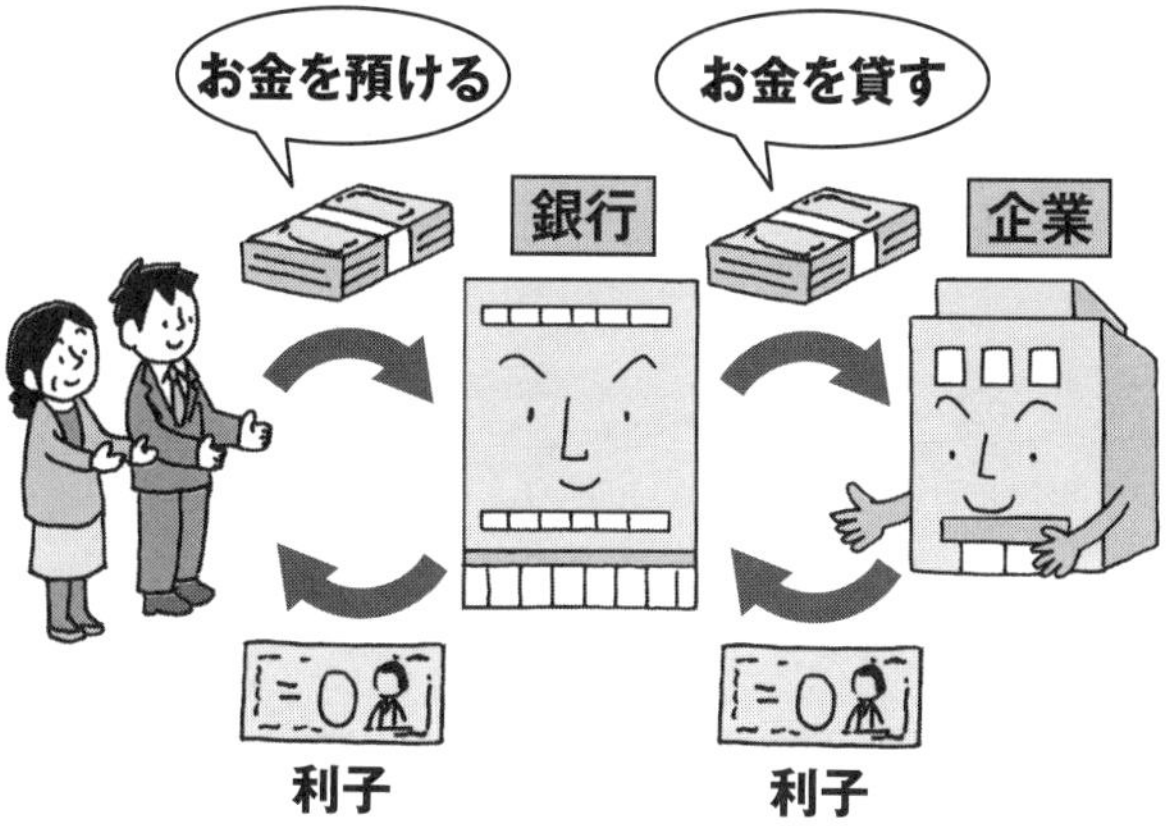

預金の引き出しが間に合わなかった場合、預けていたお金はどうなるのか？

このような疑問を抱いた人も多いと思います。

日本でもいつ同じことが起きないとも限りません。いったい何があったのかきちんと理解しておきましょう。

◉そもそも銀行って何だろう？

その前に、そもそも銀行とは何でしょうか？

私たちが当たり前に使っている銀行は、預かったお金を企業に貸すなどして、世の中のお金を回す役割をしています。

たとえば企業は、銀行から借りたお金を元手に新商品の開発をしたり、新しい事業を立ち上げたりして利益を生み出します。銀行は、企業が得た利益から、貸したお金の利子を受け取るなどして運営しています。

実はこの仕組み、支払いを金で行っていた時代に金細工職人のひらめきから生まれたものでした。(諸説あります)

時代は17世紀にさかのぼります。治安のあまり良くない時代のロンドン。裕福な商人たちは儲けた金の保管方法に困っていました。どこかいい場所はないかと悩んでいた彼らが訪れたのは、金を扱うために頑丈《がんじょう》な金庫を持っていた金細工職人のところでした。

商人たち　この金を預かってくれませんか。

金細工職人　いいでしょう。もし使いたくなったら、この預かり証を持ってきなさい。

これを何度か繰り返すうちに金細工職人がひらめきました。

銀行の仕組みは、どんなふうに生まれたか?(1)

※銀行の仕組みの起源は諸説あります

銀行の仕組みは、どんなふうに生まれたか？（2）

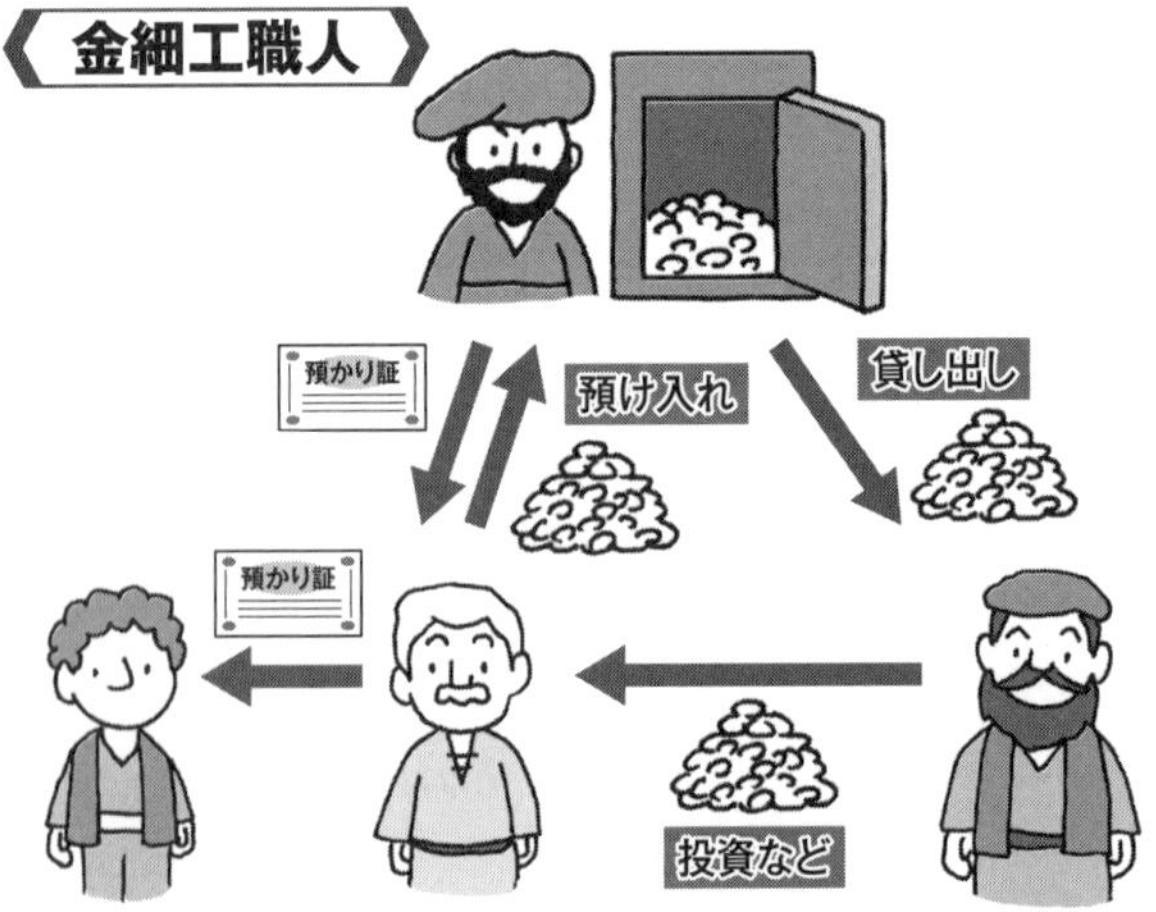

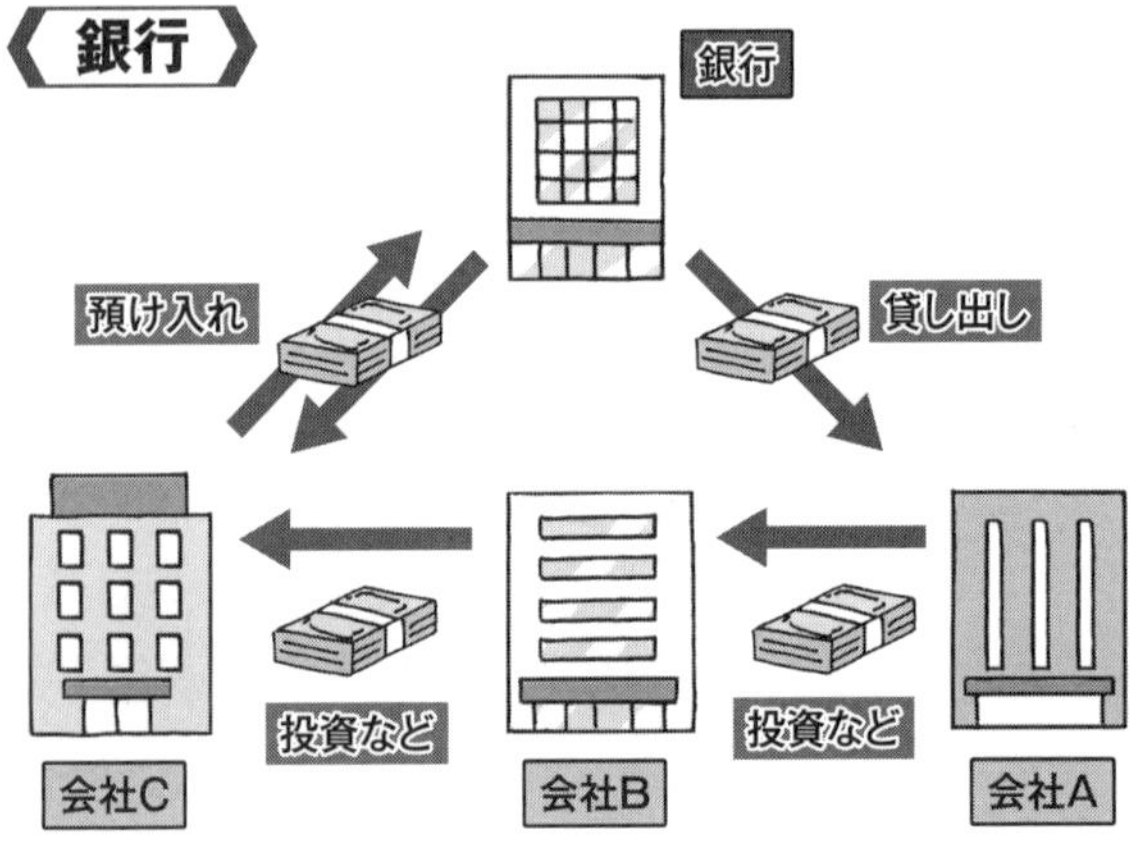

「金が引き出されてもある程度残っているなら、これを別の商人に貸すのはどうだろう」

このアイデアが当たって、商人たちが金を借りに殺到したそうです。貸し出された金は投資などに使われて富を生み、それが再び金細工職人に預けられます。こうして今の銀行の仕組みができたともいわれているのです。

●銀行が破綻するってどういうこと？

今後、日本でも起こる可能性がある銀行の経営破綻。さらにネットバンキングなどデジタル化の影響で預金のリスクも高まっているといわれています。最初に確認しておきたいのは、経営破綻とは何かということです。

基本的な定義はこうです。

「何らかの理由で事業活動が停止し、経営が立ちゆかなくなった状態」

これは銀行に限りません。

当然のことながら、どの会社も経営破綻に陥《おちい》る可能性があります。つまり、いろい

経営破綻とは？

**何らかの理由で事業活動が停止し
経営が立ちゆかなくなった状態**

ろな会社がこれ以上、仕事を続けることができなくなった状態のことを経営破綻と言うのです。

ただし、普通の会社が破綻するのと銀行が破綻するのとでは状況が異なります。では、具体的に銀行はどうなると経営破綻になってしまうのでしょうか。

私たちにとって銀行はお金を預けるところです。預けたお金は必要に応じて引き出すことができますが、銀行が経営破綻するとそれができなくなります。銀行の側から見たとき、預金者のお金が支払えなくなる状態。これが銀行の経営破綻です。

アメリカのシリコンバレー銀行などのケースでは、大勢の預金者が一斉にお金を引き出そうとした結果、お金を渡せなくなりました。こうして経営破綻したのです。

●預かったお金で銀行は何をしているの？

預けている自分のお金を引き出すのはごく普通のことですが、大勢の人が一斉にお金を引き出そうとすると銀行は経営破綻してしまいます。その理由はわかりますか？

これは預けた現金がそのまま銀行にあるわけではないからです。

預かったお金を大事に金庫にしまっておいたのでは銀行は仕事になりません。預金に対してはわずかであっても利子を支払わなければならず、その支払いのためには銀行は何か仕事をして利益を生み出す必要があります。

銀行の仕組みのところで説明した通り、銀行の主な仕事は融資です。お金を貸してほしいという会社にお金を貸して、利子を付けて返してもらう。そのときに預金者に約束した利息よりも高い利子を受け取るから、預金者に払えるわけです。

その他、銀行は預かったお金で株や国債を買っています。特に多いのが国債です。

銀行が破綻するのは、どんな場合？

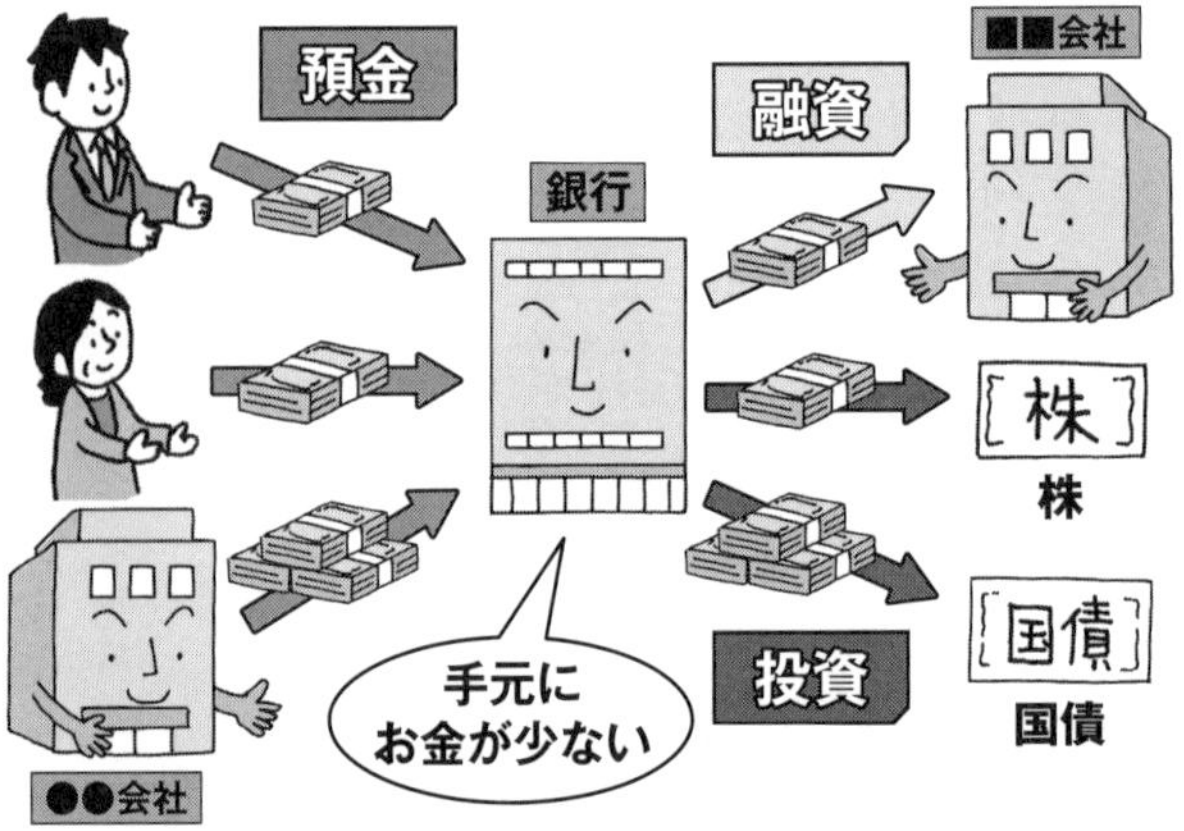

国債とは、国が借金をするときの借用書のこと。銀行が国に一定期間お金を貸して、利子を付けて返してもらうというものです。

景気が良くないときはお金を貸してほしいという会社も少ないため、銀行は大量の国債を買って融資の減少分を補っています。

このように、銀行は預かったお金を使って利益を得ようとするので、普段銀行の手元にはそんなに現金があるわけではないのです。これは日本もアメリカも同じです。

一般的には、預金の1割ぐらいを手元

預かったお金で、銀行は何をしている？

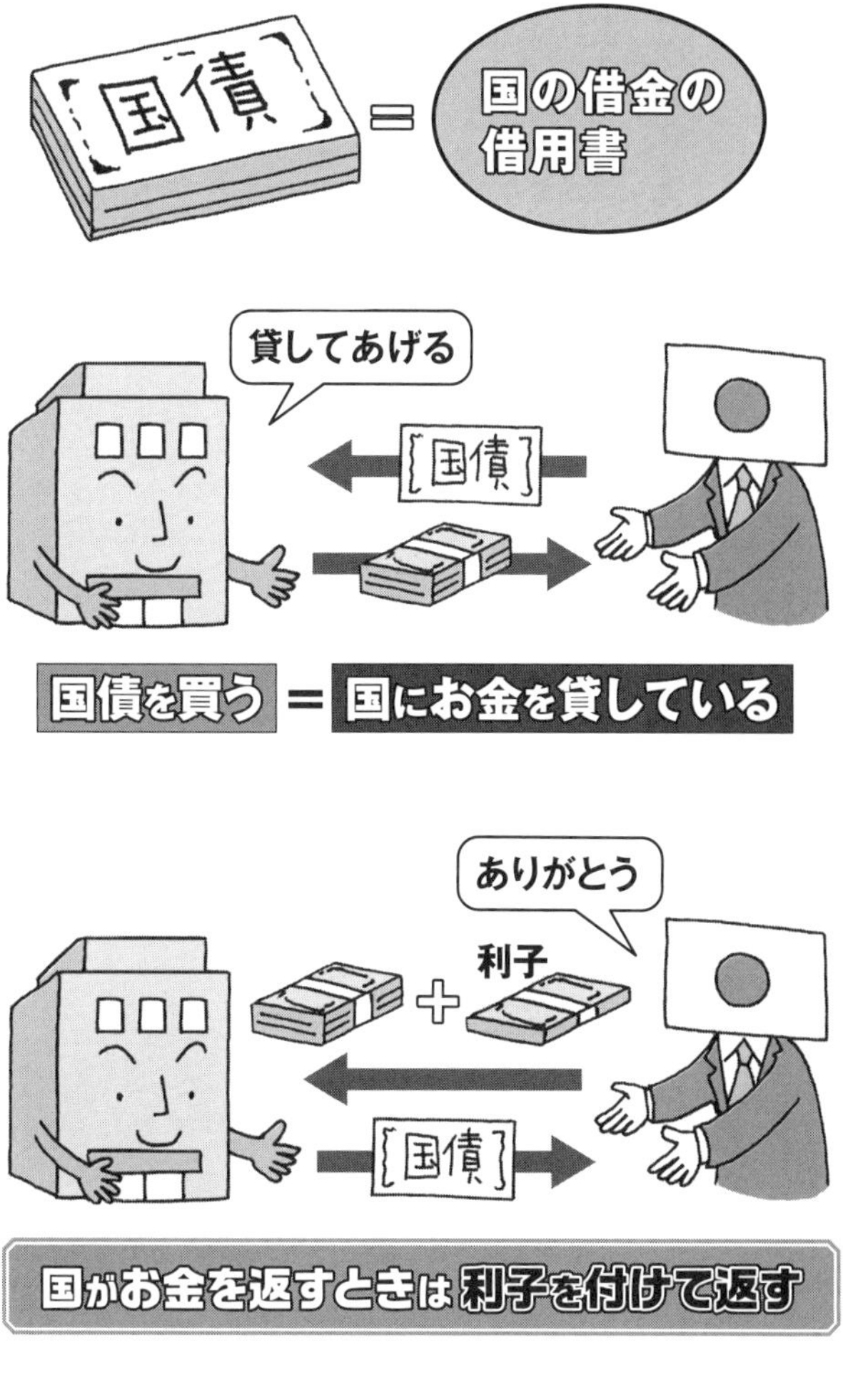

に置いておくといわれています。残りの約9割を融資に回したり、株や国債の購入に充てたりしている。すると、預金を引き出したいという人が急に、しかも大勢現れると、手元の現金が底をついて全員に返せなくなってしまいます。これが銀行の破綻です。

こういうことがめったに起こらないのは、みんな自分が預金している銀行は大丈夫だと思っているからです。大丈夫だと思えば、必要もないのにわざわざ多額のお金を引き出したりはしません。だから銀行は無事なのです。

逆に、「あの銀行は危ないかもしれない」と不安になって、みんなが一斉にお金を引き出そうとすると、銀行にあるお金だけでは足りなくなり、本当に破綻してしまいます。

◉デジタル化で預金のリスクが高まっている!

現在、預金に関してこんなことが言われているのはご存じですか。

「預金のリスクが昔より高まっている」

最近はデジタル化が進んで、銀行もスマートフォンやパソコンで振込、送金などができるようになりました。その影響で預金のリスクが高まっているというのです。たとえば、誰かが「あの銀行、危ないらしい」と言うと、ＳＮＳで一挙にうわさが広まります。すると、そのうわさを信じ込んだ人たちが一斉に引き出しに動きます。今はネットバンキングが普及していますから、銀行のＡＴＭや窓口に行かなくてもネットで現金を他の銀行に移すことができます。それによって一瞬のうちに預金移動が完了してしまう。その結果、銀行の預金があっという間に他行に流出していくのです。

いち早く預金を他行に移した人はセーフですが、気付くのが遅れた人は実害を被る恐れがあります。預金が流出しているとニュースで知ってから行動しても、もう間に合わないかもしれません。デジタル社会では、預金は必ずしも安全とは言えないことがこれでわかるでしょう。

アメリカの銀行の破綻もこれと同じパターンで起きました。この状況をアメリカでは、デジタル時代の取り付け騒ぎという意味で「デジタル・バンク・ラン」と呼んでいます。

デジタル化で昔より預金のリスクが高まっている

シリコンバレー銀行の場合、４２０億ドル、日本円にして5兆円余りの預金が1日で流出しました。しかも、「シリコンバレー銀行が損失を出したらしい。危ないんじゃないか」といううわさが流れたその2日後に経営破綻したのです。

このスピードの速さはネット社会に特有のものです。

●「デジタル・バンク・ラン」の恐ろしさ

大勢の人が一斉に預金の引き出しに走るのはめったにないことですが、一時的に多額の預金が引き出されることはよくあります。そのためどの銀行も、想定している以上の引き出しがあったときは他の銀行からお金を借りて急場をしのぎます。

それが、いわゆるコール市場で行う短期のお金の貸し借りです。

手元のお金が不足しそうな銀行が「〇〇円貸してよ」と他の銀行に声をかけると、お金に余裕のある銀行が「いいですよ」と応じてくれます。その銀行もずっと余裕があるわけではないので、「おーいってコールしたらすぐ返してね」という約束で貸すわけです。そこで銀行同士でお金を貸し借りする市場を、英語のコール（call 呼ぶ）にちなんで「コール市場」と呼んでいます。

実は多くの銀行で「ちょっとお金を貸してね」「貸してあげるよ」というやり取りが毎日のように行われていて、それによって銀行の金庫が空っぽになるのを防いでいるのです。

それでもお金が足りない場合は、中央銀行（日本なら日本銀行）が助けてくれます。アメリカには日本での日銀と同じ機関として、ＦＲＢという中央銀行制度の最高意思決定機関があり、本来ここが助けないといけないのですが、シリコンバレー銀行など3行は預金流出のスピードが速すぎて間に合わなかったといわれています。

では、シリコンバレー銀行はなぜ急に「危ない」といううわさが広がったのでしょうか。

銀行は3カ月ごとに経営状態をオープンにすることが義務づけられています。ちょうどその時期に損失が出て、２０２３年3月、同行は正直に赤字が発生したと公表したのです。

これを受けて、念のため他行に預金を移しておこうと考える人が現れました。ところが、実際に多額のお金が引き出されると、「どうも多額のお金が引き出されたらしい」といううわさが広がり、みんなパニックに陥ったようです。

そんなうわさが広がらなければ、あるいはうわさが広がっても一人ひとりが冷静に行動して預金を引き出さなければ、シリコンバレー銀行が破綻することはなかったはずです。

この事件はデジタル化が進んだからこそ起きた取り付け騒ぎであり、デジタル・バンク・ランの恐ろしさを示しています。

●過去に日本で起きた信用金庫の危機

取り付け騒ぎとは、預金・貯金などを引き出そうと人々が金融機関の窓口に殺到して混乱すること。過去に日本では、うわさがデマとなって広がり、取り付け騒ぎが起きたことがあります。それが１９７３年（昭和48年）に起きた豊川信用金庫事件です。

豊川信用金庫（愛知県豊川市に本店）に内定した女子高校生がいて、電車に乗っているとき、友達から冗談半分で「信用金庫は（強盗とか）危ないよ」と言われます。

このひと言が発端でした。

そう言われた女子高校生は心配になり、家に帰ると「信用金庫（の経営）って危ないの？」と家族に聞きました。家族も心配になって他の人にどうなのか聞きます。聞かれた人は今度は別の人にその話をし、話を聞いた人はまた別の人に話す、というようにしてうわさが徐々に広まっていきました。

そうしたところ、たまたまある人がクリーニング店の電話を借りて、「豊川信用金庫からお金を下ろしてくれ」と話したのです。これはただの業務電話（取引でお金が必要だっただけ）だったのですが、このやり取りを聞いた人はうわさを知っていて、やっぱり豊川信用金庫は危ないんだと思い込み、自分でもお金を下ろし、人にも話しました。

こうしてうわさはいつの間にかデマとなり、「豊川信用金庫が危ない」と思い込んだ人たちが次々に店舗に押しかけ、我先に預金を下ろそうとしてパニックになりました。

高校生の冗談から取り付け騒ぎが起きるまでおよそ5日。最終的に約20億円ともいわれる預金が引き出される事態になってしまったのです。

豊川信用金庫事件とは？

信用金庫は
危ないよ
豊川信用金庫に内定
信用金庫って
危ないの？
豊川信用金庫が
危ないって聞いた
んだけど…
豊川信用金庫
からお金を
おろしてくれ！
やっぱり…
約5日で
取り付け騒ぎに
1973年（昭和48年）
豊川信用金庫事件

当時、豊川信用金庫の経営状態に問題があったわけではなく、あくまで冗談から始まったうわさがデマとなって広がった結果です。

幸い豊川信用金庫は経営破綻することなく、現在もちゃんと営業しています。

◉銀行の経営破綻で私たちにどんな影響がある？

1973年の事件から半世紀経った今では、デジタル化の影響でどこでもいつでも、しかも短時間で取り付け騒ぎや経営破綻が起きる可能性があります。

アメリカで起きたことが、これから日本で起きないという保証はありません。その場合、私たちにはどのような影響があるのでしょうか。

経営破綻した銀行の仕事は全部止まってしまい、ATMも使えません。そうなると、預けていたお金は引き出せなくなります。

口座引き落としにしていた水道、電気、ガスなどの光熱費や電話代も払えなくなります。クレジットカードも口座引き落としですから、銀行の破綻に伴い、カード会社から取引停止の通告を受けます。

銀行が破綻すると、私たちにどう影響する？

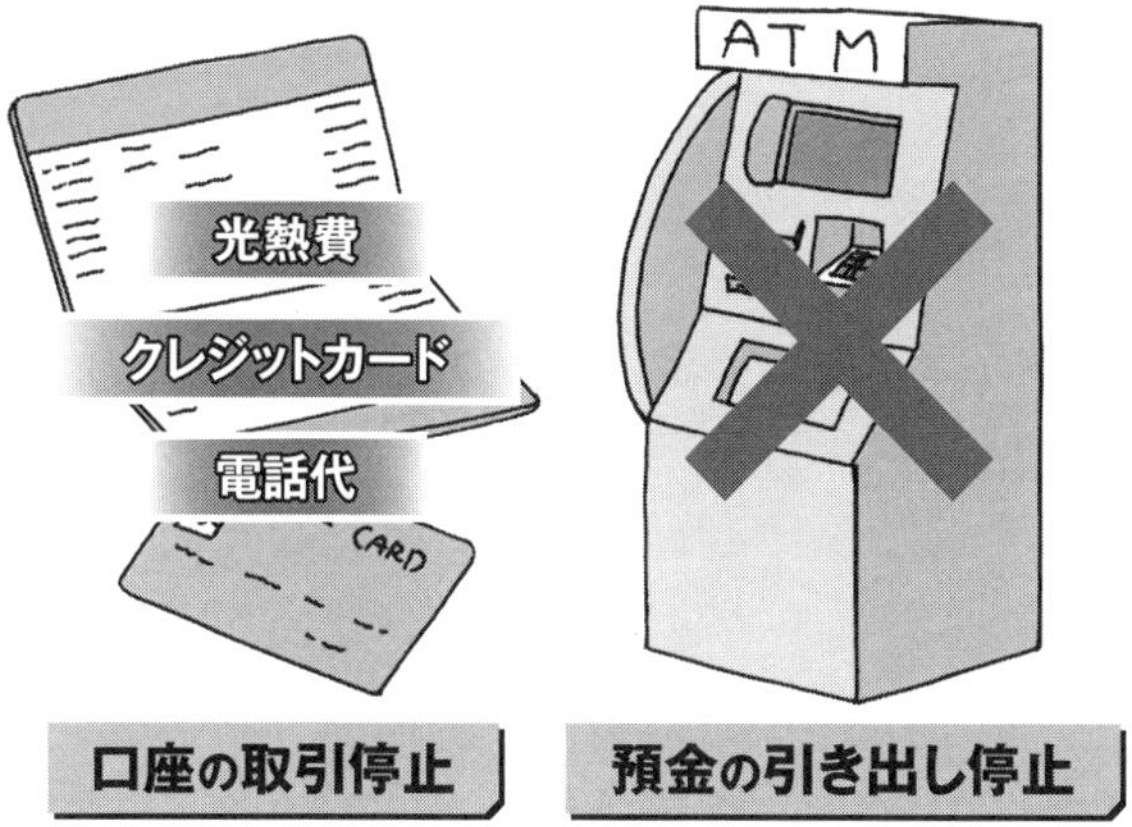

それぞれの銀行の状況によって多少の違いはあるにせよ、そういうことが起き得るということは頭に入れておくべきでしょう。

●預金はどこまで保護されるのか？

銀行が経営破綻すると、私たちが預けているお金はどうなると思いますか。

もしお金を引き出せなかったら預金者は大きな損害を被ります。そこで、そういうことにならないように救済する仕組みが作られました。これをペイオフ制度と言います。「ペイオフ」とは「払い出す」という意味です。

日本では1000万円とその利息分は必ず保護されます。

あなたがどこかの金融機関、たとえば銀行にお金を預けたとしましょう。すると、銀行は預金保険機構に保険料を支払います。この預金保険機構がそれぞれの金融機関から集めた保険料をプールしておき、万が一のことが起きても最大1000万円プラス利息分は必ずあなたに返してくれるという仕組みです。

ただし、一つの銀行に複数の口座があっても、保護されるのは1000万円（と利息）までです。同じ銀行のいくつかの支店にお金を預けている場合、保護される預金は合計1000万円が限度で、それ以上は返ってきません。

ということは、お金を分散して預けるなら異なる金融機関を利用した方が安全だということです。別々の金融機関に分けて預けておけば、何かあっても金融機関ごとに上限まで保護してくれます。

このように、とりあえずペイオフという救済策が用意されているのですが、実際にはもっと多く返ってきます。

銀行は、経営破綻しても必ずある程度の資産が残るものです。というのは、いろい

ペイオフの仕組みは？

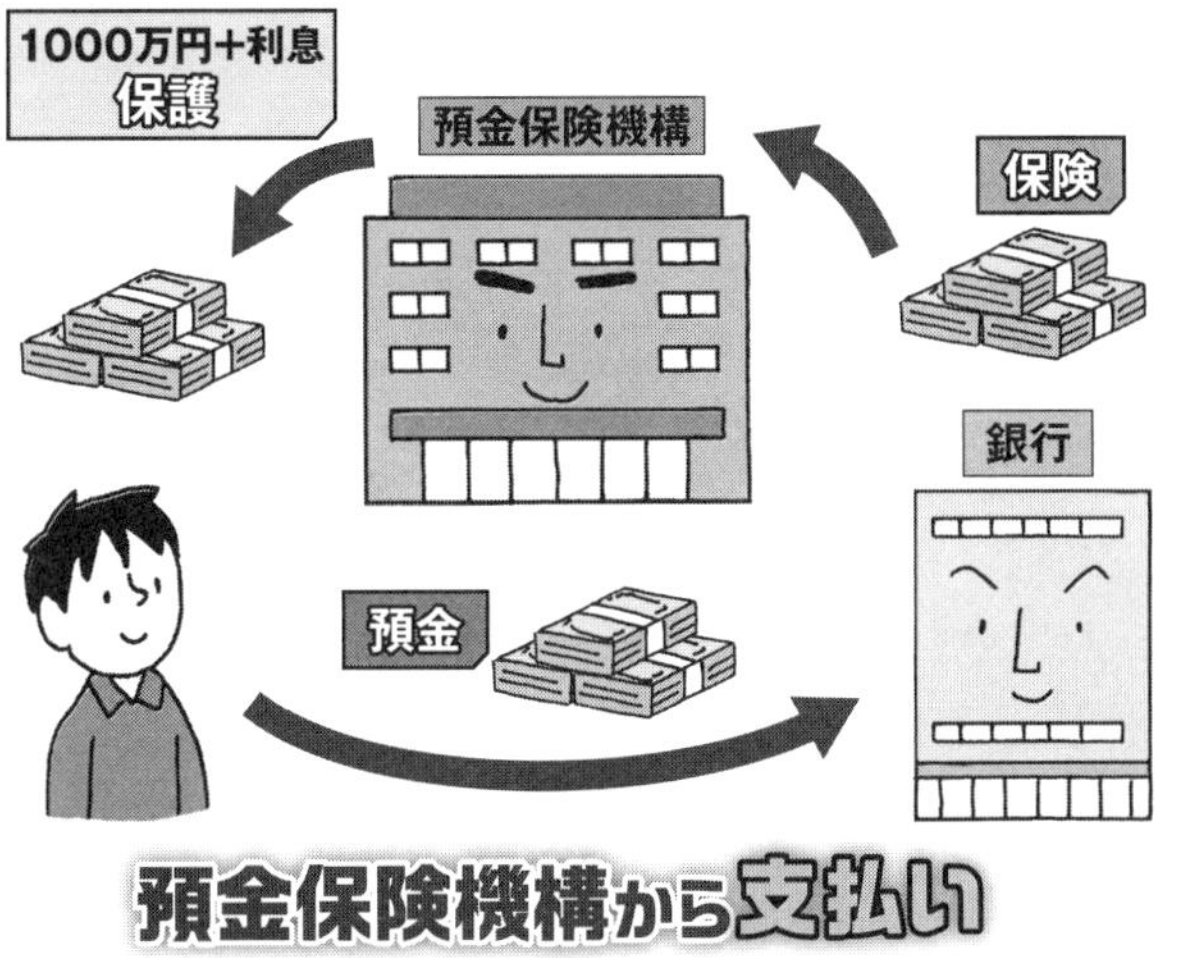
1000万円＋利息
保護
預金保険機構
保険
銀行
預金
預金保険機構から支払い

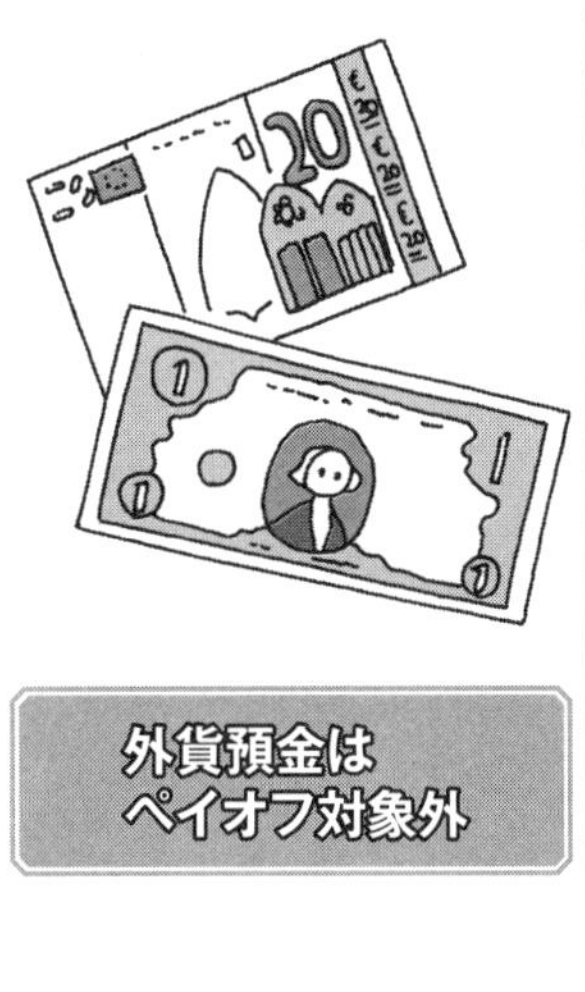
外貨預金は
ペイオフ対象外

利息の付かない
当座預金
は全額保護

ろな企業にお金を貸していて、それが手元にないから破綻したわけです。貸していたお金が返ってくれば、預金者に戻すことができます。過去に経営破綻した銀行を見ると、8割程度は何とか戻ってくるといわれています。

注意すべきは、外貨預金はペイオフの対象外だということ。一方、利息の付かない当座預金は全額保護されます。

アメリカにもペイオフ制度があり、保護される預金の上限は25万ドル、約3500万円となっています。(1ドル=140円換算)

ペイオフ以外にも預金が守られる場合があります。破綻した銀行の事業を他の銀行がそっくり引き継ぐというもので、これが救済合併、あるいは買収です。救いの手を差し伸べた銀行が破綻した銀行の預金を責任を持って保護するので、ペイオフ制度は利用しなくて済みます。

日本の場合、こういうかたちで救済された金融機関が結構ありました。ペイオフに頼らなくても助けられるケースはあるということです。

破綻した金融機関をいくつか挙げておくと、バブル崩壊によって経営破綻に追い込

破綻した銀行の事業を他の銀行がそのまま引き継ぐ

買収・合併などで預金が保護される場合も多い

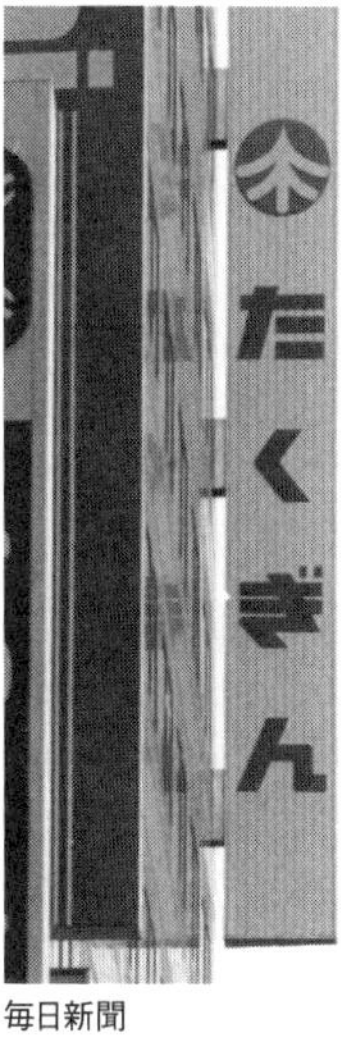

毎日新聞

共同通信社

1995年（平成7年）

兵庫銀行が経営破綻
（銀行では戦後初）

1997年（平成9年）

北海道拓殖銀行が経営破綻
（大手銀行初）

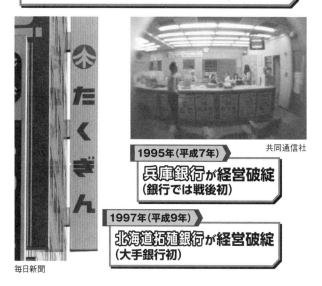

まれたところがかなりあります。

1995年（平成7年）に銀行では戦後初めて兵庫銀行が破綻しました。1997年（平成9年）には北海道拓殖銀行が破綻しています。こちらは大手銀行初の事例です。どちらもペイオフ制度は利用せず、たとえば北海道拓殖銀行は、北海道の中の支店は北洋銀行に、本州の支店は中央信託銀行に引き継がれました。北海道拓殖銀行にお金を預けていた人たちはほっとしたことでしょう。

初めてペイオフが発動されたのが、2010年（平成22年）の日本振興銀行です。1995年以降、日本でも10行以上の銀行が経営破綻しています。でも、日本振興銀行以外は、他の銀行などに助けてもらうかたちで預金は全額保護されています。

◉銀行で一番大事なのは信用

アメリカの大手銀行が立て続けに破綻したことで、日本や世界への影響が心配されましたが、短期的な影響はほとんどありませんでした。

その理由は、アメリカ政府が不安が広がらないように異例の預金の全額保護を発表したからです。

本来保護されるのは25万ドルまでですが、このときは異例中の異例で、アメリカ政府が全額保護すると決めました。つまり、25万ドルを超えて多額の預金をしていても、政府がすべて保障すると言って落ち着かせたのです。

これでシリコンバレー銀行など3行に続いて銀行が連鎖的に経営破綻する最悪の事態を免れることができました。

日本の銀行は、経営状態は非常に健全ですから、金融不安が起きる心配は今のところありません。ただ、怖いのは「デジタル・バンク・ラン」です。デジタル社会ではこういう予想外のことが起こり得るので要注意です。

基本的に銀行は信用によって成り立っています。あなたは、あなたがお金を預けている銀行はつぶれないと思っていますよね。だからつぶれないのです。「つぶれるんじゃないか」と不安になってお金を引き出し始めた途端、本当につぶれてしまいます。

だからこそ信用が一番大事だということです。

第3章

basics of economy

資本主義って何？社会主義って何？

——中国独自の「社会主義市場経済」とは？

●自由にお金儲けができる経済の仕組み

普段、あなたがお金を稼ぐために働いたり商売したりしている経済の仕組みを「○○主義」と言います。これはわかりますね。

答えは資本主義です。

資本主義とは、自由にお金を儲けていい仕組みのこと。もう少し詳しく言うと、これに「法律に違反しない限り」という条件が付きます。

「法律に違反しない限り自由に活動していい。政府は個人や企業の活動にいちいち口を出さないので、どうぞ皆さん、自由にお金儲けをしてください」

これが資本主義の考え方です。日本は資本主義を採用したことによって、国の経済が大きく発展してきました。

この場合の資本とは、事業を始めるために必要なお金のことです。それだけのお金を持っている人が新しい事業を始め、モノやサービスを販売してお金儲けをします。

資本主義のいいところは、実はお金を持っていない人でも事業を始められること。

資本主義って、どんな仕組み？

自由にお金儲けできる経済体制を作った！

それを可能にしたのが株式会社です。

「こうすればお金が儲かる」というアイデアを思いついた。でもお金がない。そんなときは、株式を発行して大勢の人に買ってもらい、集めたお金で事業を始めればいいのです。

儲かったときは、株式を買ってくれた株主たちに配当金を渡してみんなで儲けを山分けします。これが株式会社の仕組みです。

●株式会社の始まりは東インド会社

資本主義の社会で株式会社は一般的になりました。しかし、事業に失敗は付き

株式会社の仕組み

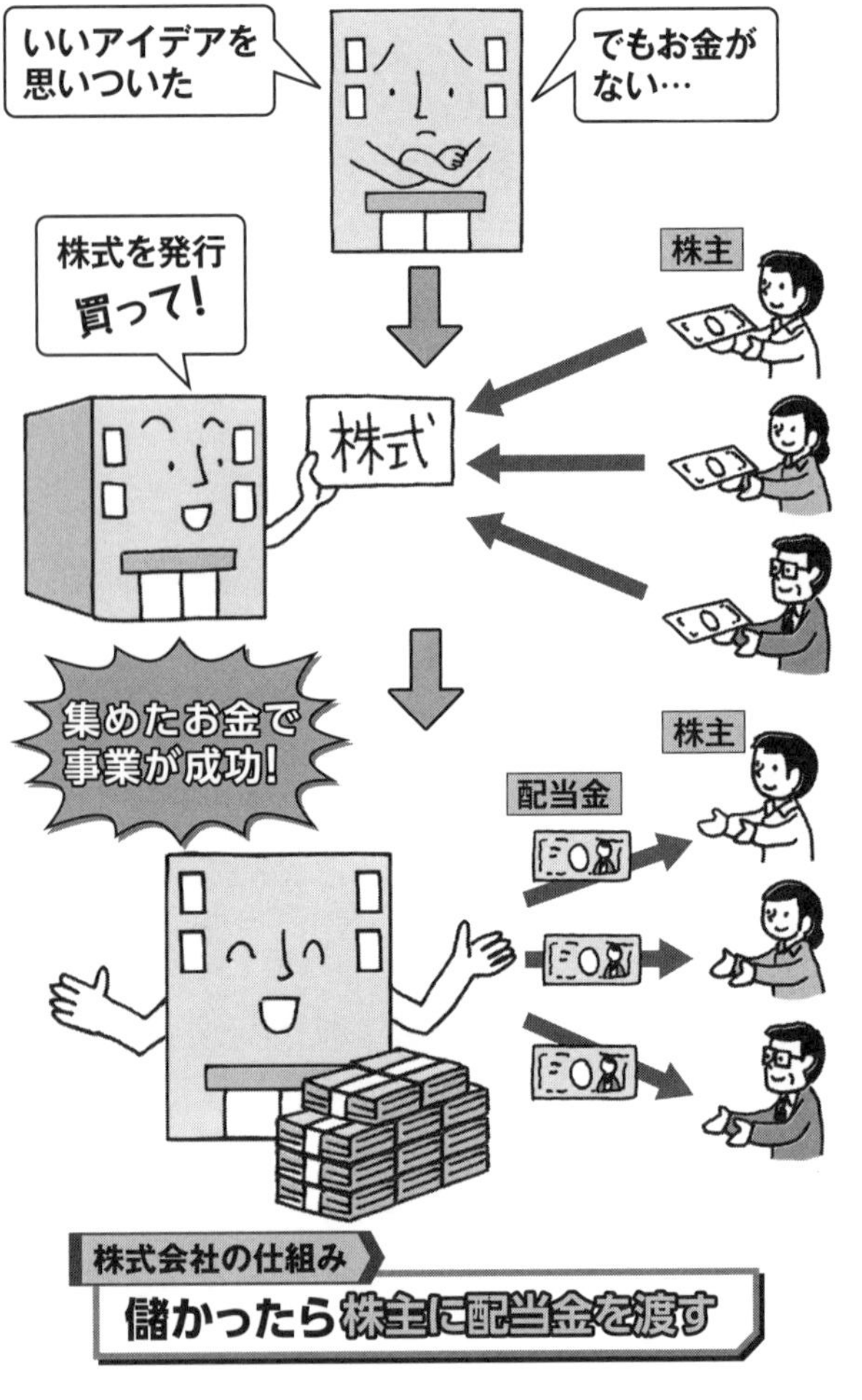
いいアイデアを
思いついた
でもお金が
ない…
株式を発行
買って!
株式
株主
集めたお金で
事業が成功!
配当金
株主
株式会社の仕組み
儲かったら株主に配当金を渡す

ものです。失敗して大損するリスクがあるのに、みんなからお金を集める際、最初はどうやって信用させたのでしょうか。

時は大航海時代の１６００年頃にさかのぼります。当時のヨーロッパで人気があり、値段も高かったのが胡椒《こしょう》などの香辛料です。この香辛料を手に入れようと東アジアへ買い付けに行く貿易会社が作られました。

貿易は船が主流で、海上輸送は危険と隣り合わせでした。

会社幹部Ａ　嵐が来ないといいけど。
会社幹部Ｂ　沈んだら大赤字だな。
会社幹部Ｃ　無事を祈るしかないですね。

一度でも沈没すれば莫大な損害が出ることは明らかです。そこである人がこんなことをひらめきました。

株式会社の始まりは、危険と隣り合わせの貿易会社から

会社幹部B　お金持ちにお金を出してもらうのはどうだろう。
会社幹部C　出してくれますかね。
会社幹部B　船が戻って儲かったら、謝礼を出すと約束すればいい。
会社幹部A　なるほど。そうすればうちらの損も少なくて済みますね。

実際にお金持ちの人たちに声をかけたところ、香辛料の人気が高かったこともあり、リスクを承知でお金を出す人が殺到しました。これが株式会社の始まりともいわれています。（諸説あります）
ちなみに、この時できた会社が世界初

出資のお返しに謝礼を出す仕組みを考えた

世界初の株式会社が誕生

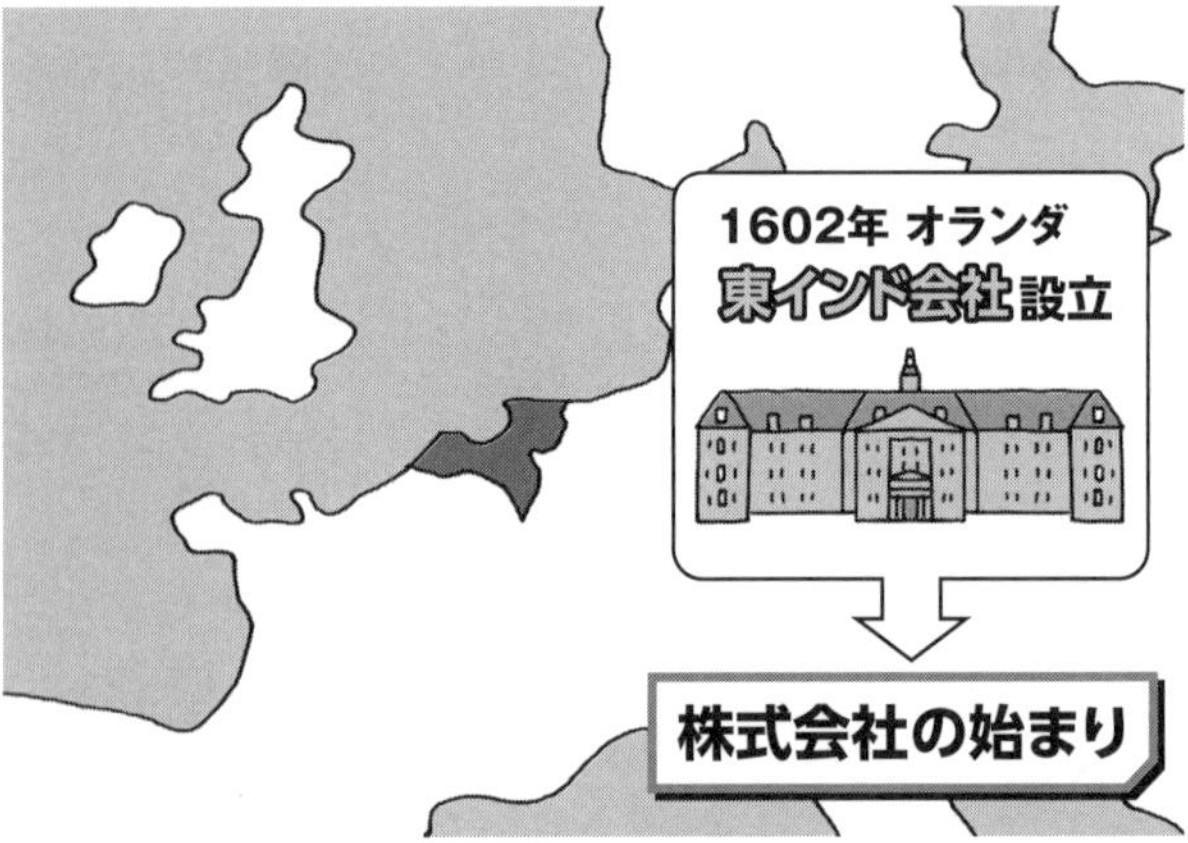
1602年 オランダ
東インド会社設立
株式会社の始まり

の株式会社、オランダの東インド会社です。学校で習いましたよね。

◉「資本主義」はネガティブな言葉だった！

今では大半の国が資本主義を採用していますが、自由にお金儲けができる国では、ある問題が生じます。

格差、あるいは貧富の差の拡大です。資本主義のデメリットとして日本でも問題になりました。それでも、多くの人は資本主義はいいものだと思っているはずです。

ところが、この言葉が使われるように

資本主義のデメリット

なった当時はネガティブな言葉でした。資本家が労働者を長時間、安い賃金で働かせてお金儲けをしていた18〜19世紀。「そういうやり方は搾取《さくしゅ》である。許せない」と考えた人たちが資本主義と呼んで批判したのです。

「格差を生むお金儲け一本槍のようなやり方はおかしい」

当時は多くの人がこのように考え、資本主義はマイナスのイメージで捉《とら》えられていました。

他方、資本主義を否定して格差をなくし、みんな平等な社会を目指そうというのが社会主義です。

社会主義とは、どんな経済体制？

社会主義では、誰もが平等になるために国がすべてを管理します。会社員は国家公務員となり、会社は国有化されるため、失業の心配はなく、会社がつぶれることもありません。国が立てた経済の計画に従ってその通り実行していけば、不況も起きないと考えられました。

計画通りに働いて稼いだお金は国が管理し、国民に平等に分配されます。ということは、格差も生まれないはずです。

こうして、国民の面倒はすべて国が見るという方針の下、社会主義の国が相次いで誕生しました。

◉社会主義のデメリットは経済の停滞と貧困

資本主義には格差が広がるという問題がありましたが、みんな平等の社会主義ではどんな問題が起きると思いますか。

国が計画を立てて管理するので会社はすべて国営企業となり、どの産業も一つの企業があるだけです。この状況では会社は絶対に倒産しません。倒産の心配がなくなると、どうしてもみんなサボり始めます。

資本主義では、社員がサボっていたら会社はつぶれてしまいます。倒産して失業するのが嫌でみんな一生懸命働くので、会社同士の激しい競争で新しい技術も生まれます。

社会主義にはこれがないのです。競争がなければ新しい技術は生まれません。結果的に経済は停滞し、みんな平等ではあるものの、みんな平等に貧しくなりました。

1922年に今のロシアの前身であるソ連（ソビエト社会主義共和国連邦）ができて以来、社会主義の国がたくさん生まれ、20世紀を通じて社会主義の勢力圏は世界中

社会主義のデメリット

経済が停滞
社会主義のデメリット
経済が停滞してみんな貧しくなる

に広がっていきます。

でも、最終的にソ連はいろいろな要因が重なって行き詰まり、1991年に崩壊。それと相前後して社会主義を放棄する国が次々に現れ、今では社会主義の国は激減してしまいました。

現在、社会主義を掲げる国は世界で5カ国のみ。あなたは全部国名を言えますか？

北朝鮮、キューバ、中国、ベトナム、そしてラオスです。

しかし、こうして五つの国を眺《なが》めてみると、何だか違和感を覚える国がありま す。それが中国とベトナムです。社会主

社会主義の国

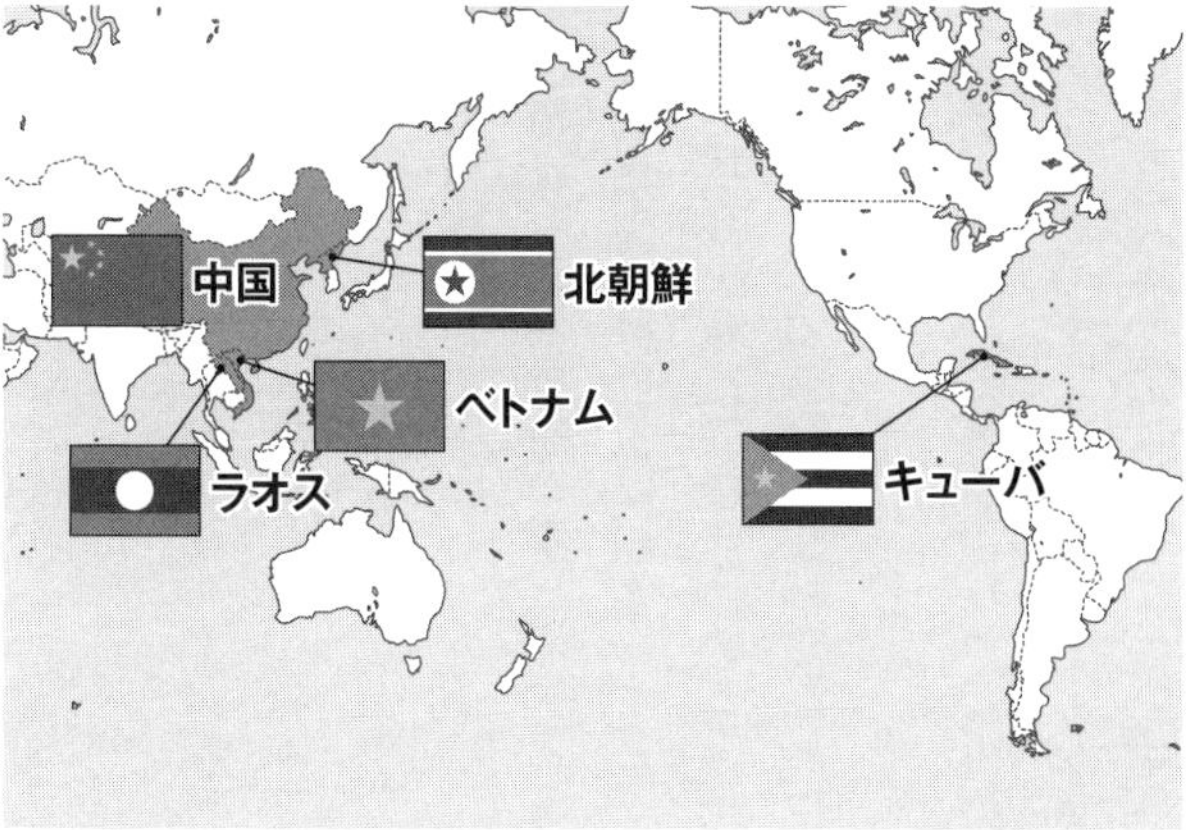

義の国は経済が停滞してみんな貧しくなるはずなのに、とりわけ中国は貧しくなるどころか経済発展を遂げて豊かな国の仲間入りを果たしました。どうしてこんなことが起きたのでしょうか。

●社会主義だけど経済発展した中国の謎

今やアメリカに次ぐ世界第2位の経済大国といわれる中国ですが、もともとはみんな平等の社会主義の国です。ひと昔前まではとても貧しく、国民はみんな苦しい生活を送っていました。

そんな中国がここまで経済発展できた

のにはワケがあります。他の国では考えられない中国流の意外なやり方があったのです。

経済を発展させるには自由にお金儲けできる経済体制を作る必要があります。自由にお金儲けできる経済体制とは、資本主義であって社会主義ではありません。ところが、鄧小平《とうしょうへい》という中国の最高実力者が不思議な言い方をしました。

「社会主義市場経済」

市場経済は経済活動を市場に任せるというもので、需要と供給に応じて価格が決まり、誰もが自由に稼げる仕組みのこと。要するに資本主義です。すると、社会主義市場経済という言葉は、社会主義と資本主義を合体させるという意味になり、水と油を混ぜ合わせるようなもので、訳のわからない言葉になってしまいます。

この言葉が使われるようになった当初は、「いったい何だ、これは?」と世界中で当惑する声が上がりました。しかし、じきにその意味が明らかになりました。

つまり、中国共産党の言うことを聞いていれば、いくらお金儲けしてもいい。共産

鄧小平が作った、中国独自の新しい経済ルール

社会主義市場経済
社会主義だけど
自由に稼いでいい!
社会主義
お金など国が管理
市場経済
自由に稼げる
貧困から
脱却するための
新ルール

鄧小平 副首相（当時）
1979年

資本主義の導入で、豊かな農家が現れた

党に逆らった者は許さないけれども、逆らわない限り、好きなように、自由にお金儲けして構わない。それが社会主義市場経済だということです。

中国は貧しさから抜け出すため、「社会主義だけど自由に稼いでもいい」という新しいルールを作ったのです。

たとえば農業の場合、それまでは収穫した農作物はすべて政府に渡していましたが、政府に納める以外の農作物は自由に売買してよいことになりました。

自分たちで消費してもいいし、それを売って稼いでもいいとルールを変えた途端、一生懸命働く人が増えて中国の農業

は急激に発展します。その前の段階では、多数の餓死者《がし》が出るような時代もありましたが、資本主義を導入したことにより、お金持ちの農家、豊かな農家が続々と現れました。

●経済特区を設けて一気に経済発展！

さらに、工業分野でも外国企業のためにあるものを設置しました。それが経済特区です。ある特定の地域を経済特区に指定して、そこに外国の企業が進出すること、外国の企業が工場を建設することなどを認めたのです。経済特区では、海外から部品などを輸入して工場で組み立て、完成品を輸出するというやり方を取りました。

代表的な経済特区は広東省《カントンしょう》の深圳《しんせん》、珠海《しゅかい》や福建省《ふっけんしょう》のアモイなど。そこで雇用されるのは、もちろん中国人労働者です。特区に行けば稼ぐことができるということで、大勢の中国の人たちが集まってきて特区は活況を呈しました。

経済特区の創設が中国に大きな富をもたらし、労働者たちが豊かになると、このや

外国企業の進出を認めた経済特区

り方は中国全土に広げられました。こうして中国は「世界の工場」となったのです。

また、経済の発展に伴い中国の技術力もアップしてきました。経済特区の外国企業に雇われた中国人労働者たちは、工場で働いている間に品質の良いものを作る方法を学びます。やがて海外の優れた技術を身につけた彼らは、自分で起業して新商品を開発したり、中国企業に転職してそこで品質の良い商品を作ったりするようになります。こうした商品も輸出され、今では中国製の高品質のモノが世界中で販売されるようになりました。

昔は中国製といえば「安かろう、悪かろう」のイメージがありましたが、もうそういう時代は過去のものです。

●輸出が拡大した背景に、中国流のお金の操作!?

中国は「世界の工場」となり、海外に大量の商品を輸出することで経済発展してきました。しかし近年、中国にはある疑惑の目が向けられています。それが、日本やアメリカではあり得ないお金の操作があったのではないかという疑惑です。

中国のお金を人民元と言います。この人民元を意図的にコントロールしたと見られているのです。

市場経済では、基本的にお金の価値は自由な取引によって決まります。たとえば日本の円の場合、円よりもドルを欲しいという人が多ければ円安・ドル高になり、円の人気が高まれば円高・ドル安になります。円やドルは外国為替市場で自由に取引されるので、需要と供給の関係で為替レートが変動し、円安になったり円高になったりするわけです。

円安になると、日本からの輸出が伸びて輸出産業は大いに儲かります。でも、それがずっと続くという保証はありません。日本経済が発展すれば円に対する需要が増え、一転して円高になるからです。

日本のように製造業が盛んな国では、自国のお金の価値が安いと世界にたくさん商品が売れて儲かりますが、その価値は自由な取引で決まるため、円安や円高を国がコントロールするのは難しいのが実情です。

ところが、中国は為替レートを中国の中央銀行、実質的には共産党がコントロールしていて、人民元をこれくらいの水準にすると決めています。一定の幅で変動を容認しつつ、その幅を超えた変動は認めないというやり方をずっと取ってきました。

ということは、人民元安で輸出が伸びて中国経済が発展しても、人民元は依然として安いままです。人民元を安くしておけば、それによって輸出で大儲けすることができ、中国経済の発展は長く続くはずです。つまり、人民元が安かったからここまで経済が発展できたと考えられるのです。

この点を特にアメリカが強く疑っていて、トランプ前大統領のときは、「中国が意図的に人民元を安くしている。為替操作だ」と非難していました。

中国は「そんなことはやっていない」と否定し、ＩＭＦ（国際通貨基金）も為替操作には当たらないと判断しています。

ただ、中国は共産党が絶対的な力を持ち、あらゆる分野を指導している国です。人民元をいくらにするかということもコントロールしていて、中国に都合のいいように発展してきたのではないかといわれています。

●「一帯一路」とは何だろう？

習近平《しゅうきんぺい》氏が国家主席になった2013年以来、中国が更なる経済発展を目指して力を入れてきたのが「一帯一路」と呼ばれる経済構想です。

「一帯一路」とは、中国を起点にヨーロッパに向けて陸路と海路で新たな物流ルートを作り、巨大な経済圏を築くというもの。中国は大金を使って世界に進出すると同時に、貿易を活性化して自国の経済成長につなげようとしました。

この構想を実現するには、ルート上にある国の道路や港湾などを整備する必要があります。そこで中国が行ったのが、アジアやアフリカの発展途上国に巨額資金を貸し付けることでした。貸したお金で途上国政府にインフラを整備してもらい、その仕事を中国企業が受注して労働者も中国から派遣すれば、中国にとっては一石二鳥にも三鳥にもなります。

ところが、中国による巨額資金の融資は深刻な問題を引き起こしました。借金を返済できない国が出てきたのです。

習近平氏が力を入れている経済構想

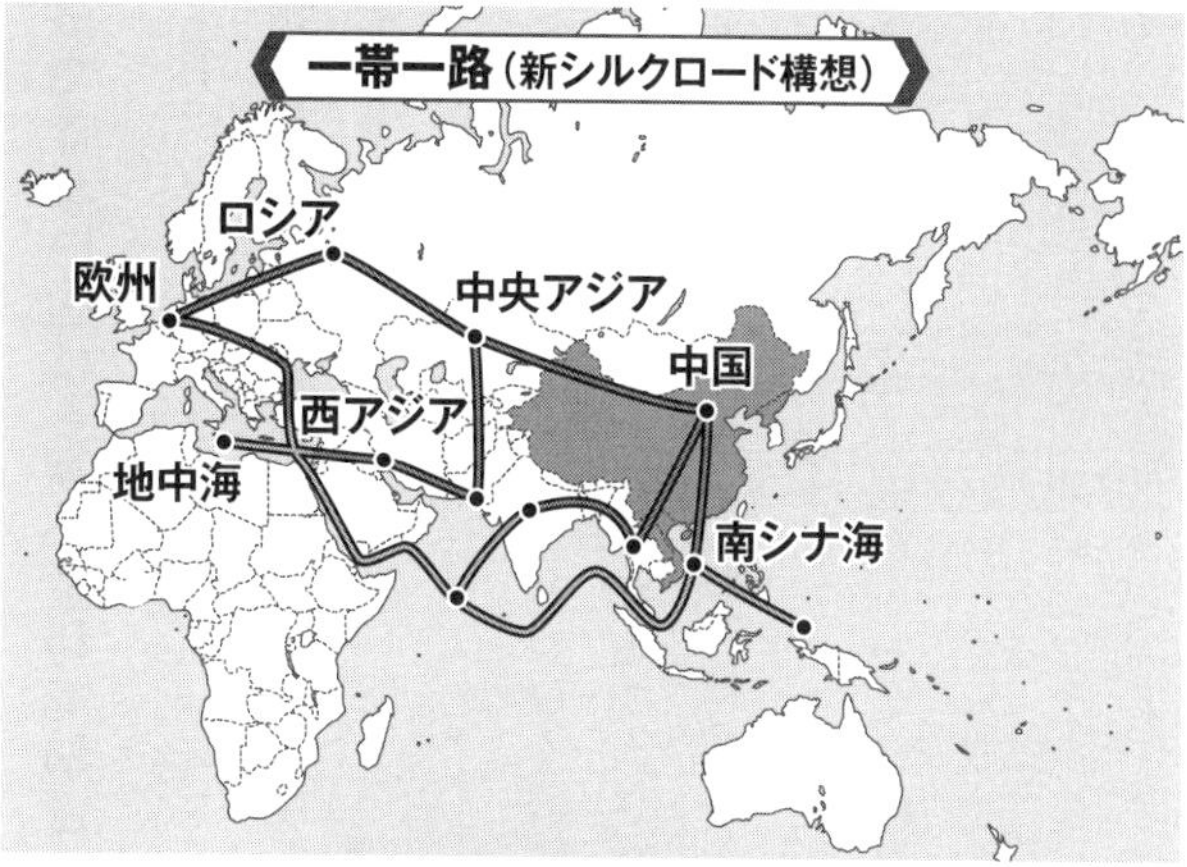

中国国家主席
習近平氏（2013年～）

◉返済できない国にも高い金利で融資

途上国にお金を貸し付ける仕組みは、これまでにもありました。世界銀行やアジア開発銀行のように信用と実績のある国際的な銀行は、融資の際に返済能力があるかどうかをきちんとチェックします。

そんなことにはお構いなしで、とても返済できそうにない途上国にも大金を融資したのが中国です。その分、金利は高く設定されました。

借りた国の指導者は、そのお金で大きなビルを建て、一般道路や港を整備し、高速道路などを建設しますが、それは同時に自分たちの人気取りでもあるわけです。「この指導者のおかげで国が豊かになった」と国民に思わせることができるので、彼らは危険だとわかっていても中国からお金を借りようとします。

結局、どこかでお金が返せなくなりますが、時既に遅しです。

中国の仕掛けたこの〝債務のワナ〟にはまった代表的な国がスリランカです。

中国から巨額の融資を受けたスリランカ政府は、借りたお金で港を整備しました。

中国が仕掛けた債務のワナ

途上国へお金を貸しまくり
借金を理由に
中国の言いなりに
ならざるを得ない国が増える

その後、お金が返せなくなり、「お金を返せないなら、港の使用権はわが国がいただきます」と言われ、中国に港を取られてしまいました。（中国が99年間、使用権を取得）

スリランカは借金のせいで中国の言いなりになったわけで、同じパターンで中国の言うことを聞かざるを得ない国が増えると見られています。

●「共同富裕」で経済に悪影響が及ぶ？

近年、中国で大きな社会問題になっているのが格差の拡大です。皮肉なことに、社会主義を掲げていながら資本主義と同じ問題が発生しました。そこで、政府は各分野で厳しい締め付けを行い、格差をなくそうと躍起《やっき》になっています。

「共同富裕」

これは習近平主席が新たに打ち出したスローガンです。みんなが平等に豊かになろうと言っています。

しかし、政府が実際にやったことは、富裕層の富を社会に還元させたり、お金儲けにつながる行為を規制したりと、豊かさを求める人たちの気持ちを抑圧することでした。

標的になったうちの一つが芸能界です。芸能界では、成功すれば大金が転《ころ》がり込んできます。人気アイドルが所属する事務所なども大儲けできるため、放置すれば格差が広がるとしてアイドルのファンクラブを禁止してしまいました。

これには習近平主席（共産党総書記）を中心とした共産党の支配を盤石《ばんじゃく》にしたいという狙《ねら》いもあります。たとえば、人気アイドルグループＩＫＧＭ48を熱烈に応援するファンクラブができたとすると、そこに集まった人々は何かのきっかけで共産党批判を始めるかもしれません。中国共産党にとって、熱狂的な集団はいつ何時自分たちに牙《きば》を剝《む》くかわからない危険な存在です。このため、「共産党よりもＩＫＧＭ48を支持するのか。許せない」などと難癖《なんくせ》を付けて解散に追い込むのです。

大手ＩＴ企業も標的にされました。アリババをはじめ中国のＩＴ企業は世界的な企業に成長し、非常に大きな力を持つようになっています。その結果、共産党の言うことを聞かなくなりました。当局による締め付けが強化されたのは、それが原因だといわれています。

また、習近平主席が「共同富裕ですべての国民を豊かにしなければならない。富裕層は寄付しなさい」と言った途端、大金持ちの人たちが自分の財産をせっせと寄付するようになりました。背景には、寄付しないと当局から何をされるかわからないという恐怖心があったようです。ただ、さすがに「富裕層を脅《おど》しているようだ」という批判も出て、のちに締め付けは緩和されています。

学習塾の禁止（営利目的の場合）も大きなニュースになりました。

高い学費を払える富裕層は子どもを学習塾に通わせることができます。一方、貧困

「みんなが平等に豊かになろう」をスローガンに

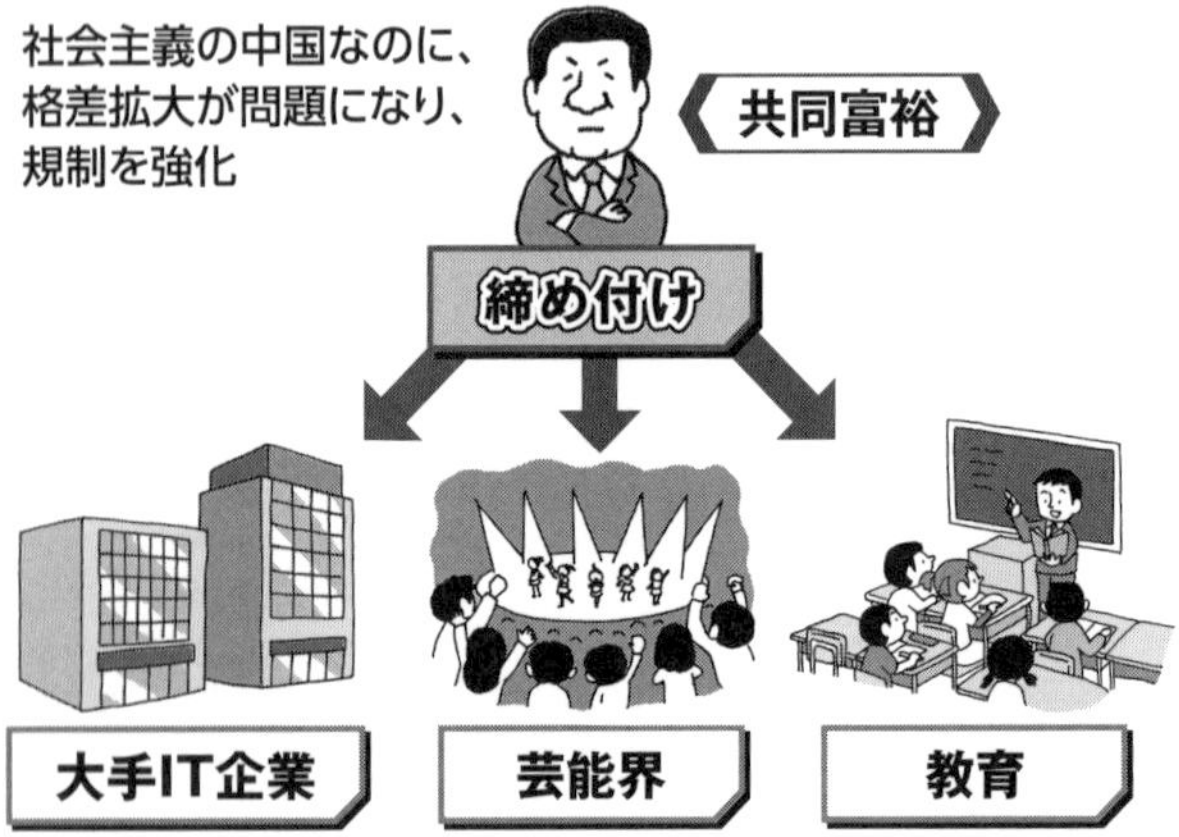
社会主義の中国なのに、
格差拡大が問題になり、
規制を強化
共同富裕
締め付け
大手IT企業
芸能界
教育

層の子どもは学習塾に通えません。結果として、豊かな家庭の子どもほど良い教育が受けられ、良い学校に進学できるのに、貧しい家庭の子どもはそれができないということになります。

このことが将来の収入格差、貧富の差をもたらすとして、中国は学習塾を禁止しました。あっと驚くような決定でした。「極端なことをするものだ」と思った人も多いのではないでしょうか。

富裕層やIT企業への締め付け、競争の排除といった共同富裕の追求は、中国経済に悪い影響を及ぼすと考えられています。それでも、こうした政策が行われるのは、中国が共産党による事実上の一党独裁国家だからです。

習近平主席にしてみれば、格差があることで自分に批判が出るくらいなら、経済が少しくらい落ち込んでも、格差をなくして国民の支持を確実なものにしたいということでしょう。

●中国経済がピンチ。何が起きているの？

新型コロナによる規制が撤廃され、日本各地はどこも外国人観光客でいっぱいです。これでやっと景気が良くなっていくと思ったら、日本の景気を左右する中国経済が今、ピンチに陥っています。

実は日本の貿易相手国のトップは、もう15年以上も中国です（２００７～22年、出典：財務省貿易統計）。コロナが流行する前の２０１９年、日本に来る外国人観光客は中国人が最も多く（出典：日本政府観光局）、しかも彼らは〝爆買い〟してくれました。それだけたくさん日本にお金を落としてくれたのです。

これは何も日本に限ったことではなく、世界の多くの国が経済的に中国に依存してきました。

このように、これまで高い成長率で世界経済を引っ張ってきた中国ですが、ここへきて景気が落ち込み、「過去最悪だ」「経済崩壊か」という声さえ聞かれるようになっています。

中国経済がおかしくなれば、日本と世界の経済は大きな影響を受けます。中国で今、何が起きているのでしょうか。

●マンションブーム終了で中国内は大騒ぎに

問題になっているのは不動産、特にマンションです。

中国では長くマンションブームが続いてきました。旺盛《おうせい》な需要に支えられて無数のマンションが建てられ、値段も上がりました。ところが、値上がり間違いなしということになると、住むためではなく金儲けのためにマンションを買う人が出てきます。マンションを買って値上がりしたところで売れば、その分丸儲けです。売買する人が増えたことで、さらにマンションの値段が上がりました。

欧米や日本と違うのは、中国は社会主義の国ですから土地は「みんなのもの」、つまり国有のようなもの、一般の人たちは売買できません。売買できるのは使用権だけ。中国での不動産売買とは、土地を使用する権利の売買です。

不動産会社は土地の使用権を買ってマンションを次々に建てていきました。建てれば建てるほど売れて、値段は上がる一方です。一人で何戸も買って儲けようという人まで現れ、マンションブームが過熱しました。

これを行き過ぎと見て、地方の政府によっては「一世帯2戸」までの購入制限をかけたところがあります。

すると、異常なことが起きました。偽装離婚する人が出てきたのです。一世帯の夫婦がわざと別れて、「別々の世帯になったのだから2戸ずつ買えますよね」という理屈で、計4戸買うわけです。

そこまでしてマンションを買いたいのかと驚きますね。

しかし、沸騰したマンションブームにもついに終わりの時がやってきました。近年、大手不動産会社の経営危機が相次いで明らかになり、数十万戸ものマンション建

行き過ぎたマンションブームに購入制限

設が中断されて大騒ぎになっています。

マンションが売れなくなっても所詮は不動産業界の中だけの話と思うかもしれませんが、そうではなく、影響は経済全体に波及します。

マンションの建設がストップすると、たとえばセメント、コンクリート、鉄などが売れなくなります。もちろん、工事現場で働いていた人たちの仕事もなくなります。マンションを買って入居すれば大小の家具を買うのが普通ですが、その売れ行きも止まります。

不動産業は裾野が広く、マンション建設が止まれば、関連するあらゆる産業が影響を受け、経済活動全体に急ブレーキがかかってしまうのです。

中国の場合、特に特徴的なのは、ＧＤＰ（国内総生産）の約3割を不動産関連が占めていることです。過去20年以上、中国のＧＤＰは右肩上がりで伸びてきました。中国経済が発展したそのかなりの部分は、不動産ブーム、マンションブームが引っ張っていたわけです。

そうした重要な部門が低迷状態に陥ったため、「これから中国経済はどうなるのか？」という問題がにわかにクローズアップされるようになりました。

●バブル時代の日本と同じ失敗だった⁉

こんなことになった原因として指摘されているのが「日本化」あるいは「日本病」です。

次ページのイラストを見ながら、今の中国の状況を整理してみましょう。

マンションブームでマンション価格が値上がりすると、売ったり買ったりする投資家や一握りのお金持ちは儲かります。でも、本当にマイホームを持ちたいという人にとっては、マンションの価格高騰《こうとう》は迷惑な話です。値上がりしすぎて買えないので、何とかしてほしいという不満が高まります。

そこで中国の習近平国家主席は引き締めを行い、各銀行に対してマンション建設にあまりお金を貸さないようにと指示しました。それによって普通の人がマンションを買えるようにしようと考えたのです。

ところが、困ったのは不動産会社です。銀行からお金が借りられなくなり、資金不

中国経済の現状を表す「日本病」とは？

足でマンション建設を中断せざるを得ませんでした。未完成のマンションは販売できず、利益も上がりません。損失を抱えた多くの業者が経営難に陥りました。

この状況を見た中国の人たちは、中国経済はこの先どうなるんだろうかと不安になり、買い物は控えてなるべく貯金に回そうと節約志向が広がっています。

今、中国でこういうことが起きているわけですが、どこかで聞いた話だなと思った人もいるのではないでしょうか。

約30年前の日本も、土地の値上がりを抑えようとして不動産融資に上限を設けるなど規制を強化しました。その効果はてきめんで、土地価格は一気に下落して大混乱に陥ったのです。これがバブル崩壊です。

その後、日本全体で消費が落ち込み、モノは売れない、企業が儲からない、給料が上がらないというデフレに30年も苦しむことになりました。これと同じ道を中国もたどっている可能性があり、だから「日本化」あるいは「日本病」といわれているのです。

中国としては、経営難の不動産業者に公的資金を投入して救済するという手もあり

巨大な二つの不動産会社を経営危機から救えない理由

ます。しかし、なかなか難しいという見方が一般的です。

というのは、習近平主席は「共同富裕」というスローガンを打ち出しています。格差をなくしてなるべく平等な社会を作りましょうというときに、困っている貧困層を助けるならまだしも、不動産業者や建設業者を助けるとなると、「なんで金持ちを助けるんだ」という不満が噴出する恐れがあります。うっかり助けることができないわけです。

その結果、中国では現在、業界ナンバー1、ナンバー2という二つの巨大な不動産会社（碧桂園《へきけいえん》、恒大《こうだい》集団）が経営危機に陥っています。

第 4 章

basics of economy

世界的値上がりの原因

——世界の経済活動が活発になっている

◉物価高に苦しむ日本と世界

日本は過去30年、不景気で物価も上がらない状態が続いてきました。ところが、ここ2年ほどは景気がいいわけでもないのに物価が上がり、物価高が私たちの暮らしを直撃しています。

いろいろなモノやサービスの値段が全体として上がり続けることをインフレと言います。今、このインフレがアメリカ、ヨーロッパ諸国をはじめ世界の多くの国を襲っていて、日本も例外ではありません。

日本では長い間、物価だけでなく賃金も上がらなかったのですが、2023年は久しぶりに大幅な賃上げが実現しました。それでもまだ賃金の上昇が物価の上昇に追いついていないといわれています。

2024年は物価が上がった分、きちんと賃金が上がるかどうかが焦点となっています。同時に、物価高がいつまで続くのかにも関心が集まっています。

より根本的な課題は、いかにして長い間続いた不景気から脱却するかです。景気が良くなって年に約2パーセント物価が上昇し、賃金も同程度に上がるのなら、それはむしろ好ましいとされます。好景気になれば、物価が上がるのは自然なことだからです。好景気でもないのに物価が上がり、それでいて賃金が上がらないというのが一番困るのです。

ところで、少し前まで新型コロナウイルスのパンデミックで経済活動は停滞していたのに、なぜ急に物価高になったのでしょうか。

2022年2月に起きたロシアによるウクライナ侵攻とそれへの経済制裁が一つの要因であることは確かですが、実は物価高はそれより前から始まっていました。日本を含む物価の世界的な値上がりはなぜ起こったのか考えてみましょう。

◉2021年から22年にかけての物価上昇

国内で物価が上がり始めたのは2021年後半に入ってからです。特に電気料金は右肩上がりで、2023年に政府が価格激変緩和措置（電力会社への補助金）を導入するまで続きました。ガス料金も随分上がりました。

最近値上がりしている主なもの

電気代やガス代にとどまらず、「全般的に物価が上がってきたな」と言われるようになったのは2022年初め頃です。この時はまだロシアによるウクライナ侵攻は起きていません。それでも生活実感としてははっきりわかるほど物価が上昇していました。値上がりした主な商品をイラストにまとめました。

いろいろなモノが値上がりしたのはなぜでしょうか。これには、今までもよくあった理由と今までにない理由の二つが考えられます。

こんなことが起きると必ず物価が上がるというお決まりのパターンがあり、これが今までもよくあった理由です。

今までにない理由は、今回初めて観察されたもので、たとえば食用油・マヨネーズ、醤油《しょうゆ》などがこれまでにない理由で値上がりしています。

まず、今までもよくあった理由から見ていきましょう。大きく三つあります。

●原油が高くなるとモノが値上がりする

日本はエネルギー資源の大半を輸入していて、中でも原油は99・7パーセントを海外からの輸入に頼っています（出典：資源エネルギー庁）。そのため、原油が高くなるとモノが値上がりします。

ちなみに、原油と石油の違いはわかりますか？　地中から掘り出したばかりのものが原油、それを加工した重油、軽油、灯油、ガソリンなどの総称が石油です。

原油が値上がりした原因は、新型コロナのパンデミックで止まっていた経済活動が再開されたことにあります。

2020年はコロナ禍のため、多くの国で経済活動が停滞しました。石油に対する需要が激減し、原油価格も急落しましたが、2021年になると徐々に経済活動が再開され、夏頃から景気が回復してきました。人の移動や工場再開などで石油の需要が増えれば、当然値段は上がります。世界の経済活動が活発になったことで原油価格が上昇したのです。

そして、この原油の値上がりが様々な商品の値上げにつながりました。

次のページのイラストを見てください。イチゴのショートケーキの値上げは原油の値上がりと関係があります。

イチゴは温室栽培なので暖房が欠かせません。暖房には石油（灯油）を使いますから、原油が値上がりすれば暖房費が増え、イチゴの生産コストが上がります。

収穫したイチゴはプラスチック製品で包装します。プラスチックは原油から作られるため、原油の値上がりの影響を受けます。イチゴを出荷する際に使うトラックの燃料（軽油）も原油から作られるので、原油の値上がりに伴って輸送費が上がります。

ケーキは小売店に運ばれた後、お店のショーケースに入れて冷やされます。この冷却にかかる電気代も、発電には石油が使われているので値上がりし、ケーキの値段に

モノの値段が上がる原因（1）

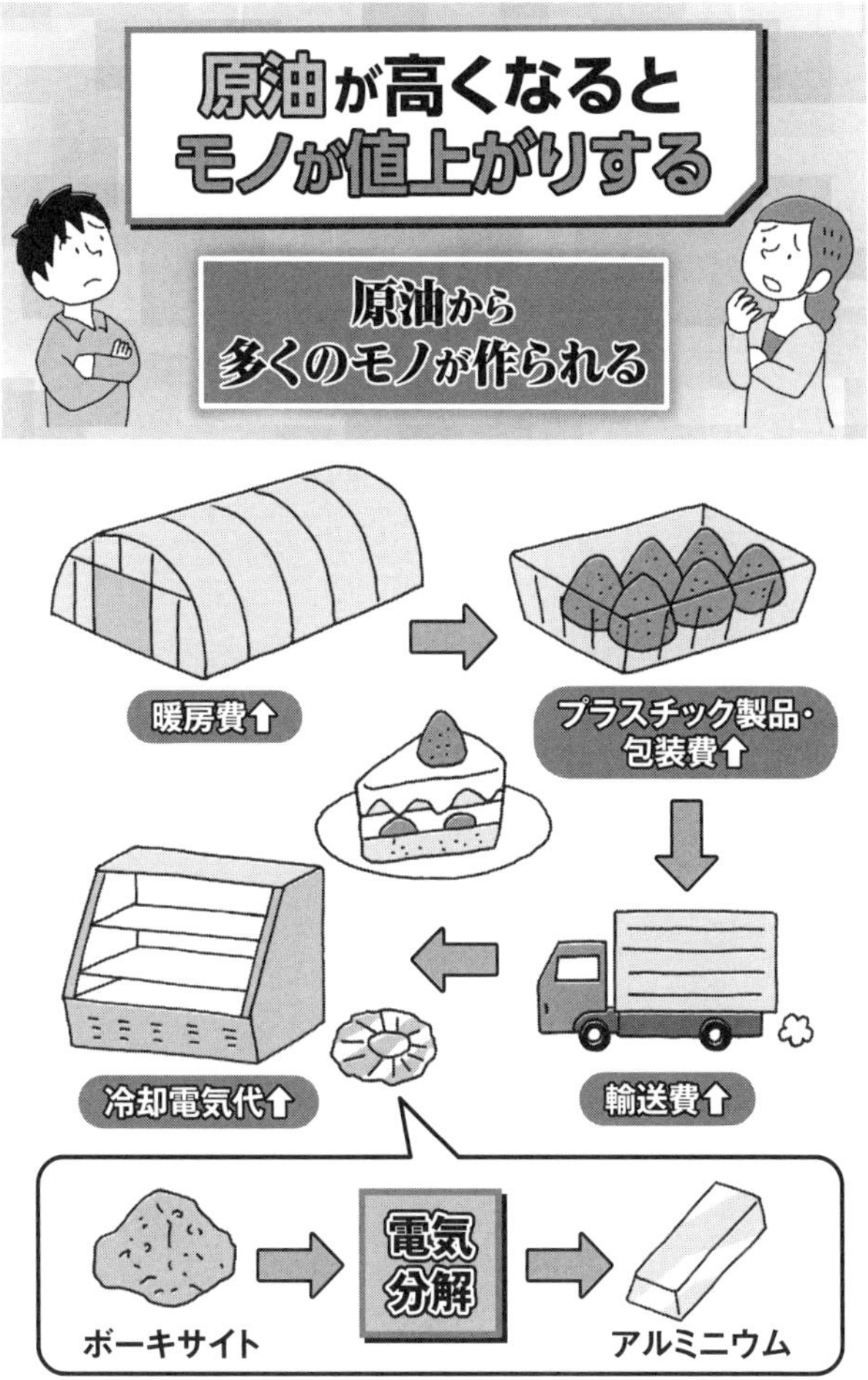

跳《は》ね返るでしょう。

まだあります。ショートケーキを包んでいる銀紙はアルミでできています。アルミニウムの原料はボーキサイトと学校で習いましたね。このボーキサイトを電気分解するとき、大量の電気を使います。「アルミニウムは電気の缶詰」といわれるほどで、電気代が上がればアルミニウムの値段も上がることになります。

このように、原油を元に作られるものが私たちの身の回りにはいっぱいあり、原油が高くなるとあらゆるものが値上がりするのです。

●円が安くなるとモノが値上がりする

今までもよくあった理由の2番目が円安です。円が安くなると輸入品が値上がりします。

円は外国為替市場で売買され、需要と供給に応じて円安になったり円高になったりすることは第3章で解説しました。この円安とは具体的にどういうことなのか、あなたは説明できますか。

円安で勘違いしやすいのは、「安い」の意味です。安く買えるということではなく、円の価値が安くなっているということ。例を挙げると、1ドル＝100円のときは100円出せば1ドルと交換できます。これが1ドル＝200円になると、200円出さないと1ドルとは交換できません。両者を比較した場合、1ドル＝200円のときは倍の円を払うことになり、円の価値が半分になっています。つまり、以前と比べて円の価値が下がってしまった。これを円安と言うのです。

円ドル相場は、2021年1月に1ドル＝約103円だったのが、翌22年1月には約114円になりました。その後も急ピッチで円安が続き、23年12月現在、約140円ちょっととなっています。

円安になると前よりもたくさんお金を払わないと海外の商品は買えなくなります。結果として、様々な輸入品が値上がりしたというわけです。

円安で円に換算した原油価格は急上昇しましたが、原油以外にも輸入に頼っているものがあります。天然ガスの海外依存度は97・8パーセントと高く（出典：資源エネルギー庁）、ガス料金も円安で値上がりしました。その他、小麦、牛肉、コーヒーなど輸

円安のカン違い
円安
…安く買える
正しくは…
円の価値が
安い

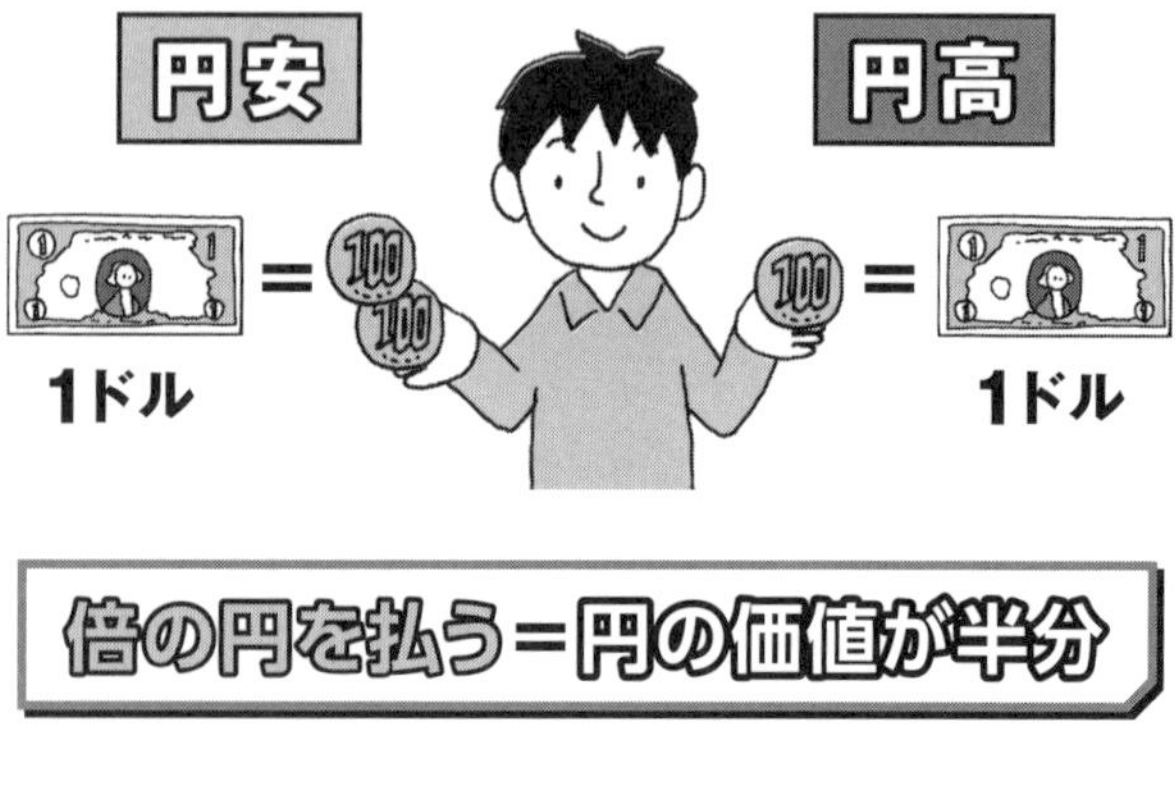
円安
円高
1ドル
1ドル
倍の円を払う＝円の価値が半分

モノの値段が上がる原因（2）

入に頼っている商品は軒並み値段が上がり、原材料に輸入品を使う冷凍食品も上がっています。

◉なぜ円安になったのか？

円安になったのは、ざっくり言えば、アメリカの景気が良くなったからです。

日本では約30年にわたって不景気が続き、日本銀行が景気対策のため、ここ10年ほどはいわゆるゼロ金利政策を取ってきました。

コロナ禍からの回復にも時間がかかり、2021〜22年も金利が低く据え置かれました。金利を上げてしまうと、景気回復に水を差してしまうからです。

一方のアメリカはコロナ禍からの立ち直りが早く、大掛かりな景気対策の効果もあって21年に入ってからは景気が回復。そうなると、円よりもアメリカのドルを持っていた方が得です。

米企業の株を保有すれば値上がりが期待でき、好景気のときは金利が上がるので米国債に投資すれば高い利息が得られます。また、アメリカの銀行に預金するだけでも日本より高い利息収入が期待できます。

こうして、ドルの人気が高まるだろうと考えた投資家たちはいち早く円を売ってドルを買い、それによって円安（ドル高）になったのです。

●天候が思わしくないとモノが値上がりする

今までもよくあった理由の3番目は天候です。天候が思わしくないとモノが値上がりします。天候不順といえば、秋になっても真夏日が続いたり、季節外れの台風がやってきたりといろいろなケースが考えられますが、それによって果物や野菜が被害を

モノの値段が上がる原因（3）

天候が思わしくないと
モノが値上がりする

天候不順の例

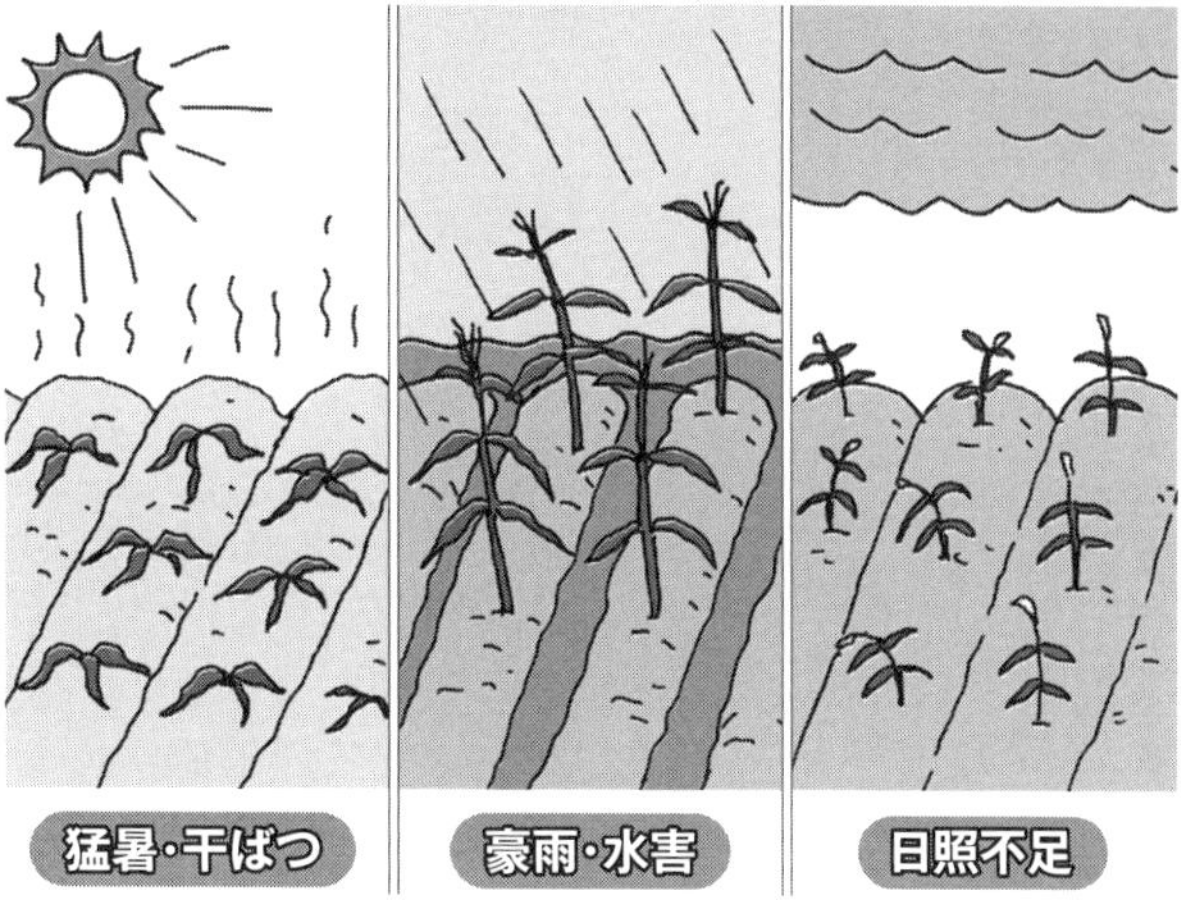
猛暑・干ばつ
豪雨・水害
日照不足

受けることはよくあります。せっかく収穫したのに売り物にならず、やむを得ず一部を廃棄処分にすると、市場に出回る供給量が減って値段が上がるのです。

海外の天候不順が原因で物価が上がることもあります。2021年末にマクドナルドのポテトがSサイズのみになったことを覚えていますか。

あの時は11月にカナダ西部で大規模な水害が発生し、カナダ産のジャガイモが日本に入ってこなくなりました。水害でカナダ国内の物流が滞《とどこお》ってしまい、輸出どころではなくなったのです。その影響で日本で入手できるジャガイモの量が減り、マクドナルドはメニューの変更を余儀なくされました。

同じ年の6月以降、アメリカ北部とカナダ南部で日本向けに小麦を生産している地域が高温・乾燥によって作柄が悪化し、不作に陥りました。この時も小麦の供給量が減り、価格が上がっています。

●海外の小麦を日本政府が買い付ける理由

小麦の値段の決め方は、他の輸入品と違って特殊です。民間企業が輸入してそのま

小麦を日本国内で安定的に供給できるのはなぜ？

ま販売するわけではなく、日本政府が海外からまとめて買い付けて、それを国内の製粉業者に売り渡すというやり方を取ります。政府の売り渡し価格は２０２１年10月に約19パーセントも上昇しました。これにより、小麦を原材料とする商品の値上げが相次ぎました。

小麦に限ってなぜこのような方式を取るのか不思議ですね。理由は、日本人が困らないようにするためです。小麦はパンの他、菓子やうどんなどにも使われ、日本人の食生活に欠かせないものです。そういう大事なものが不測の事態が起きて手に入らなくなったら大変です。

そこで、小麦の安定的な供給のために、政府が責任を持って海外から大量に買い付けて、それに一部上乗せした金額で製粉業者に売るのです。上乗せした金額分だけ値段は高くなりますが、そのおかげで国内の小麦生産農家も高く売ることができます。この制度には、日本の小麦生産農家を守るという狙いもあることがこれでわかります。

また、小麦は販売用とは別に一定量を備蓄に回します。コメ、家畜の餌《えさ》になる穀物、原油なども備蓄しており、どれも日本人にとっては必要不可欠な存在です。

値段が高くなっても海外から入ってくるうちはまだいいわけで、入ってこなくなったらその影響は計り知れません。そういうことが起きる可能性もゼロではないので、備蓄には万が一の場合に備えるという意味があります。

●経済活動の復活で港が大渋滞

ここまで紹介した原油価格、円安、天候不順が今までに多かった値上がりの理由です。しかし、今までになかった理由で値上がりしているものもあります。次にそれを見ていきましょう。

今までになかった理由の第一は、新型コロナの影響です。特に大きな影響を受けたのがアメリカです。具体的には、コロナ禍からの回復過程で生じた人手不足が値上がりをもたらしました。

132ページの写真を見てください。ロサンゼルス港の沖合でコンテナを大量に積んだ貨物船が順番待ちをしています。中国から長い船旅を経てやっとロサンゼルスに着いたというのに、港に入る許可が下りないため、港の外で待機を余儀なくされました。中には、入港するまで17日間も待たされた船もあるそうです。

アメリカでは新型コロナが収まるにつれて経済活動が活発になりました。アメリカ国内で消費が伸びると、それに伴って海外からの輸入が増えます。ところが、輸入品を詰めたコンテナが船で運ばれてきても、港でコンテナをさばく人員が不足すればスムーズな処理は難しくなります。

コロナ禍で景気が落ち込んだとき、アメリカでも仕事がなくなった労働者たちに多額の給付金が支給されました。すると、当面このお金があるから無理して働かなくていいだろうと、働かない人たちが出てきました。一方、仕事がない間、給付金でしの

船が港に入れず大渋滞!!

©Mark Holtzman/ZUMA Press Wire Service／共同通信イメージズ

港に入れない船が待たされる事態に

いでいたトラック運転手などは、途中でお金が底をついてしまい、離職して他の業界へ移っていきました。

結果として、港で働く労働者が足りなくなり、コンテナが届いてもすぐに荷物を出せなくなったのです。またトラック運転手も減ったため、荷物を出しても、それをトラックで運べないという事態になりました。

貨物船は入港するまで時間がかかり、入港した後も空になったコンテナを積み込んで出港するまで時間がかかるということで、コンテナを送った国からすれば、「コンテナが返ってこない。次の荷物が送れない」ということになります。

ロサンゼルス港は24時間操業でも渋滞を解消できませんでした。こうして物流が停滞し、モノの供給不足が生じたわけです。

食用油や醤油などの原料となる大豆は、北米からの輸入に頼っているところが多いため、値上がりしました。

◉ＳＤＧｓが値上がりの原因に

今までになかった理由の第二は、最近よく聞くようになったＳＤＧｓです。持続可能な17の開発目標について世界中の国々が一緒になって取り組もうというもので、これが値上がりの原因になっています。

17の項目のうち関係があるのは、「飢餓《きが》をゼロに」と「エネルギーをみんなに、そしてクリーンに」の二つです。食料不足の発生を防ぐのが前者で、後者は脱炭素の実現が目標です。こういう取り組みをするようになった結果、一部のモノが値上がりしました。その代表が大豆です。

大豆の値上がりは、大豆を原材料にしている食用油や醤油などの値段を押し上げます。では、なぜ大豆が食料不足対策や脱炭素の影響を受けるのでしょうか。実は大豆には食料以外の使い道があるのです。

それがバイオ燃料です。バイオ燃料とは植物などを加工した油などのこと。石油、石炭などの化石燃料は、燃やせば二酸化炭素を出して地球温暖化の原因になるため、バイオ燃料が注目されています。

バイオ燃料に使われる植物は、主に大豆、菜種、サトウキビ、トウモロコシです。これらを燃やしても二酸化炭素は出るのですが、植物は成長するときに二酸化炭素を大量に吸収するので、バイオ燃料を燃やして出る二酸化炭素も全部吸収してくれます。トータルで見ると二酸化炭素の量は増えないという仕組みです。

石油や石炭は、地中から掘り出して燃やせば二酸化炭素は出る一方ですから、脱炭素という点から見れば、バイオ燃料の方がはるかに優れていることになります。

ところが、大豆、菜種、サトウキビ、トウモロコシはいずれも食料として世界的な需要があり、トウモロコシは家畜の餌にも使われます。これらを燃料に使えば需要が

SDGsが値上がりの原因になるのは、なぜ？

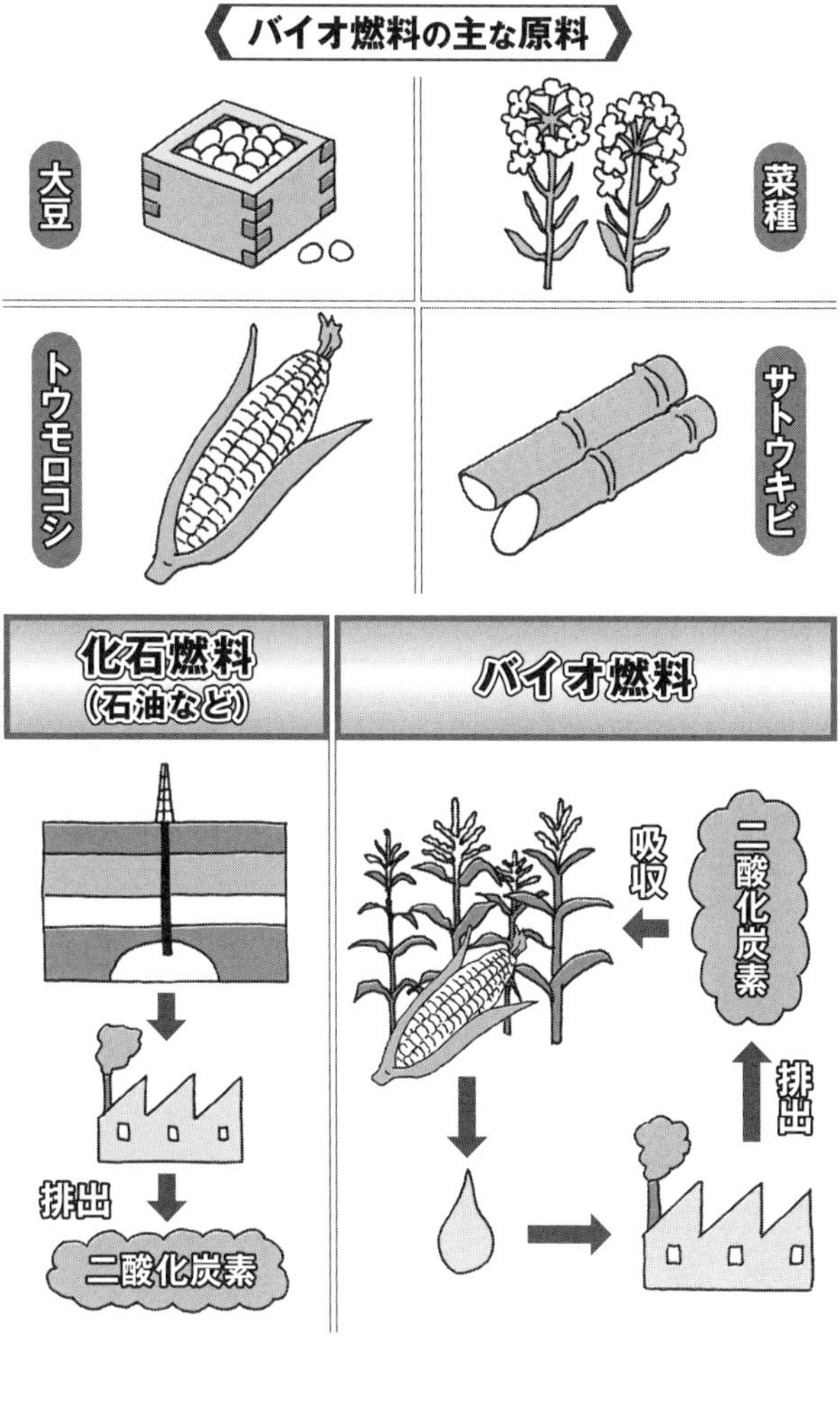

増え、需要が増えれば値段は上がるのです。

さらに、最近は代替肉の大豆ミートが登場し、大豆の用途がさらに広がりました。この大豆ミート、食感が本物の肉に近いと評判も上々です。

食用の牛肉は私たちにとって人気ですが、問題は牛のゲップです。牛のゲップに含まれるメタンは二酸化炭素以上に温暖化への影響が大きく、対策が求められてきました。大豆で肉を作ることができれば、牛肉への需要が減って牛のゲップを減らせますし、世界の食料不足の解消にもつながるはずで、大豆ミートの開発と普及に取り組むところが増えています。

この取り組みが成功すれば大豆への需要が増えるため、これもまた値上がりの原因になるでしょう。

●バイオ燃料はいいことばかりではない!?

大豆やトウモロコシなどバイオ燃料の原料が高くなることは、私たちの暮らしだけでなく世界にも影響を与えます。

特に原料となる食料で命をつないでいる途上国の人々にとっては大きな打撃です。食料価格が値上がりすれば買える量が減りますから。必要な食料が手に入らなくなることで、飢餓が発生する恐れすらあります。

「持続可能な」世界を作るための取り組みだったのに、二酸化炭素の減少のことしか考えないとこういうことが起きてしまいます。

もう一つ、こんな問題もあります。

天候悪化でたまたま値上がりしたのであれば、天候が回復すれば値下がりします。しかし、ＳＤＧｓに基づく取り組みで需要が高まったということは、この先、値下がりすることはない、もしくは値下がりしにくいということです。

そこでターゲットになったのが大豆です。

「大豆はもう値下がりすることはないから、安心して今のうちに買い占めておこう」

このように考えた投資家たちが大豆に投資しています。

これによって、大豆の国際価格は上がる一方で下がりにくい、ということになるかもしれません。

●ロシアの侵攻で食料価格とエネルギー価格が急騰

様々な理由で世界的に物価が上昇するなかで、それに拍車をかける大惨事が起きました。それがロシアによるウクライナ侵攻です。

ウクライナとの国境沿いに大部隊を集結させたロシア軍は、2022年2月24日、ウクライナ北部、東部、南部の三つの方向から同時にウクライナ領内に侵攻しました。一部の部隊は首都キーウを急襲してゼレンスキー大統領らウクライナ政府首脳を排除しようとしましたが、これは失敗に終わっています。

ロシアは国連安全保障理事会の常任理事国、いわゆる五大国の一つで、国際社会の平和と安全に責任を持つ立場です。そのロシアが国連憲章を破って他国を侵略したことは、世界に衝撃を与えました。

侵攻が始まってから2年以上経った今も戦争は続き、膠着《こうちゃく》状態に陥っています。ロシア軍はウクライナ東部から南部にかけての一帯を占領したまま、撤退の動きは見られません。

小麦、トウモロコシ、大豆の国際価格の推移

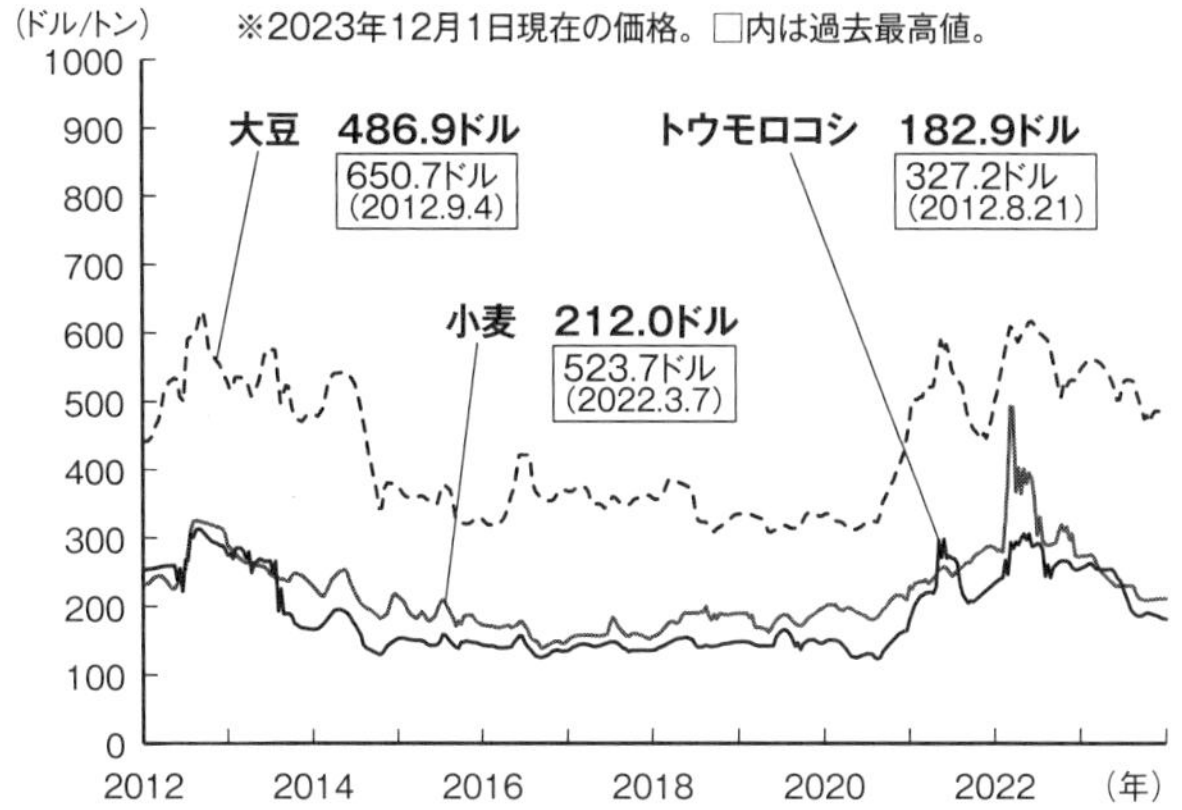

出典：農林水産省。2023年12月4日更新

ロシアの侵攻と米欧日などが科した経済制裁によって世界を食料危機とエネルギー危機が襲い、特に2022年は食料不足、エネルギー不足で価格が急騰《きゅうとう》しました。

ウクライナは小麦とトウモロコシの一大生産地として有名ですが、南部の港を封鎖され、黒海も船舶の安全な航行が難しくなったことで輸出が減少。ロシアがウクライナ全土を無差別に攻撃したため、国内での作付けが難しくなり、生産量も減っています。

22年7月には国連、トルコ、ロシア、ウクライナの4者協議でウクライナ産穀

ウクライナの小麦・トウモロコシの生産量(上)と輸出量(下)の推移

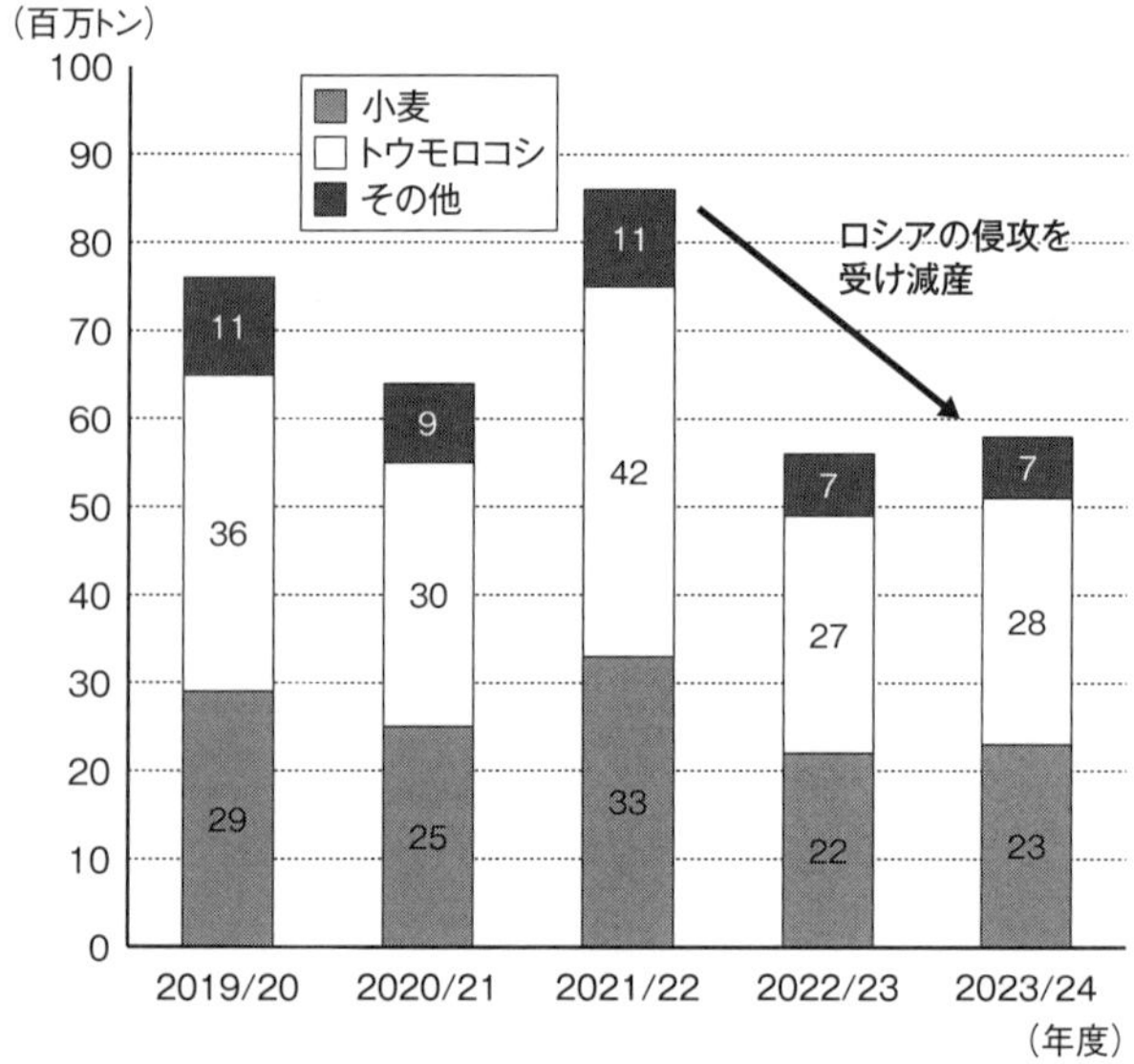

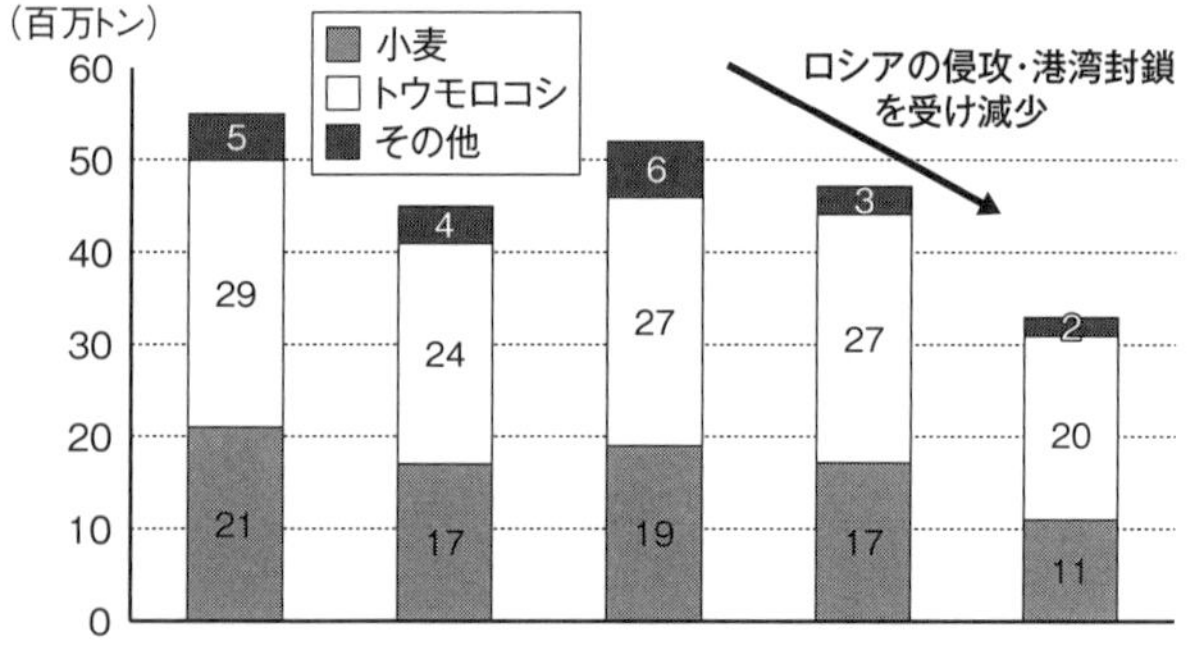

出典：農林水産省「食料安全保障月報」23年10月

物の安全な輸出に関する合意が成立し、ウクライナは黒海を通じて輸出できるようになりました。

しかし、合意は23年7月にロシアが離脱して停止され、ウクライナは再び窮地《きゅうち》に追い込まれています。

小麦の国際価格が上昇したことでパン、菓子、うどん、ラーメンなどが値上げされ、トウモロコシは主に家畜の餌に使われるため、牛肉、豚肉、鶏肉、卵などの値段が上がりました。

ただ、23年は国際価格が低下し、小麦、トウモロコシともに侵攻前の水準まで戻しています。

エネルギーについては、米欧がロシア産の原油、天然ガス、石炭の輸入を減らして他国からの調達を増やしたため、一種の資源の奪い合いが生じました。その結果、原油、天然ガス、石炭のいずれも値段が上昇し、電気料金やガス料金の値上げにつながっています。

●水道料金の値上げが迫っている！

日本ならではの理由で、今後値上がりするといわれているものがあります。私たちの生活に欠かせない重要インフラと関係があるのですが、何だかわかりますか？

答えは水道代です。

約20年後の2043年度までに日本の94パーセントの自治体が値上げをするという試算もあり、もはや避けて通れない問題となっています。（出典：EY新日本有限責任監査法人・水の安全保障戦略機構事務局）

水道料金の値上げが迫っている理由は主に二つ。水道管の老朽化と人口減少です。

まず水道管の老朽化から見ていくと、多くの自治体で水道管が整備されたのは1960〜70年代にかけてです。私が小学生の頃、東京都内の家の多くは井戸水を使っていました。それがついに水道になったということで、当時のことは印象深く覚えています。

水道管の耐用年数は約40年とされていて、1960〜70年代に作られた水道管の多

水道料金の値上げが避けられないワケ

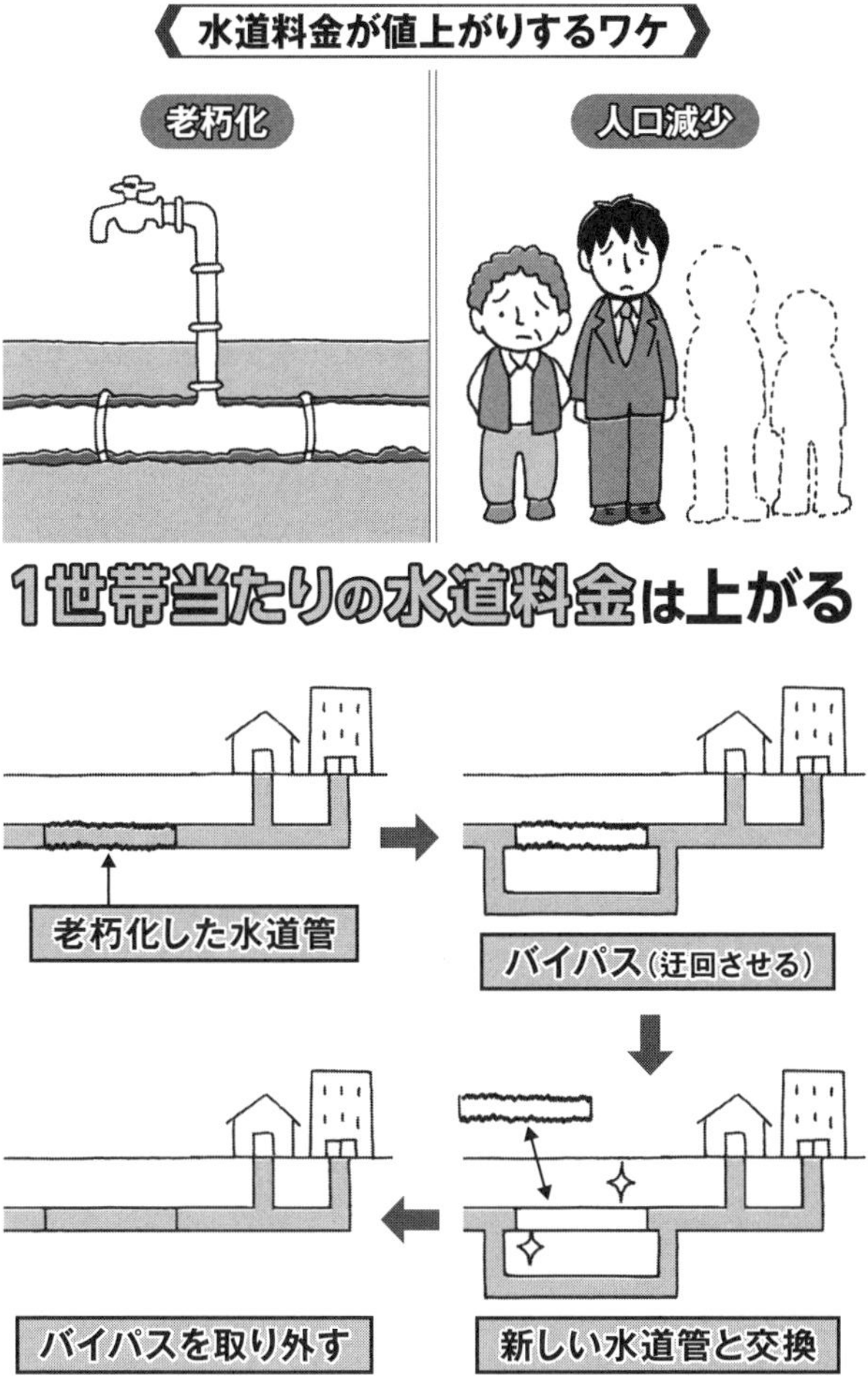

くはもう耐用年数が切れてボロボロの状態です。最近、あちこちで水道管が破裂して水が噴き出す事故が起きているのは、水道管が老朽化して腐食《ふしょく》しているからでしょう。自治体も何とかしようと努力していますが、問題は交換費用です。これをどうやって捻出《ねんしゅつ》するかでどの自治体も頭を痛めています。結局のところ、水道を使っている人に負担してもらうしかなく、その分水道代を値上げせざるを得ないというわけです。

水道管を交換するには相当なお金が必要です。1キロメートルの水道管を交換するのにいくらかかると思いますか？

これがなんと最低1億円です。場所によっては2億円。つまり1億〜2億円かかります。

水道管を取り替える場合、工事中にその地域で断水が起きないように、あらかじめバイパス（迂回路《うかい》）を作らなくてはなりません。最初にバイパスを作り、周辺の家々できちんと水が出るようにしておきます。それから水道管を交換し、最後にバイパスを取り外して元に戻します。その他、大きな地震に備えて水道管の耐震化も同時に行うため、工事にはそれだけのお金がかかるのです。

値上げが避けられない二つ目の理由が人口減少です。

これは簡単な話で、各自治体の一世帯当たりの水道料金は、水道を維持するのにかかる総費用を、水の供給を受ける世帯数で頭割りして算出します。ということは、人口減少で世帯数が減れば、一世帯当たりの水道代は嫌でも値上がりするわけです。

こうした二重の理由で、これから全国各地の水道料金が値上がりするだろうといわれています。

第5章

basics of economy

なぜ景気は良くならないのか？

——1987年と2023年の「1ドル=150円」はどう違うか？

◉昔は1ドル＝360円だった！

2022年、23年の経済ニュースといえば、なんといっても衝撃的な円安です。22年は3月1日に1ドル＝115円だったのが10月21日には1ドル＝150円台になり、23年も年初は1ドル＝130円前後で落ち着いていたのに、その後急速に円安になり、11月に入って1ドル＝151円台に乗せました。

今は円安が大きな問題になっていますが、実は昔は円安や円高がニュースになることはありませんでした。誰もが知っているように、円相場は毎日変動しています。ところが、今から50年以上前、円相場は変動しないのが常識でした。戦後はずっと1ドル＝360円で固定されていて、円安になることも円高になることもなかったからです。これを固定相場制と言います。

固定相場制をやめて、需要と供給に応じて1ドルの価値が変動する変動相場制に移行したのが1973年です。このとき、1ドル＝360円の時代は終わりを告げ、その後、円高が進みました。1978年には初めて1ドル＝200円を突破しています。

円相場の推移

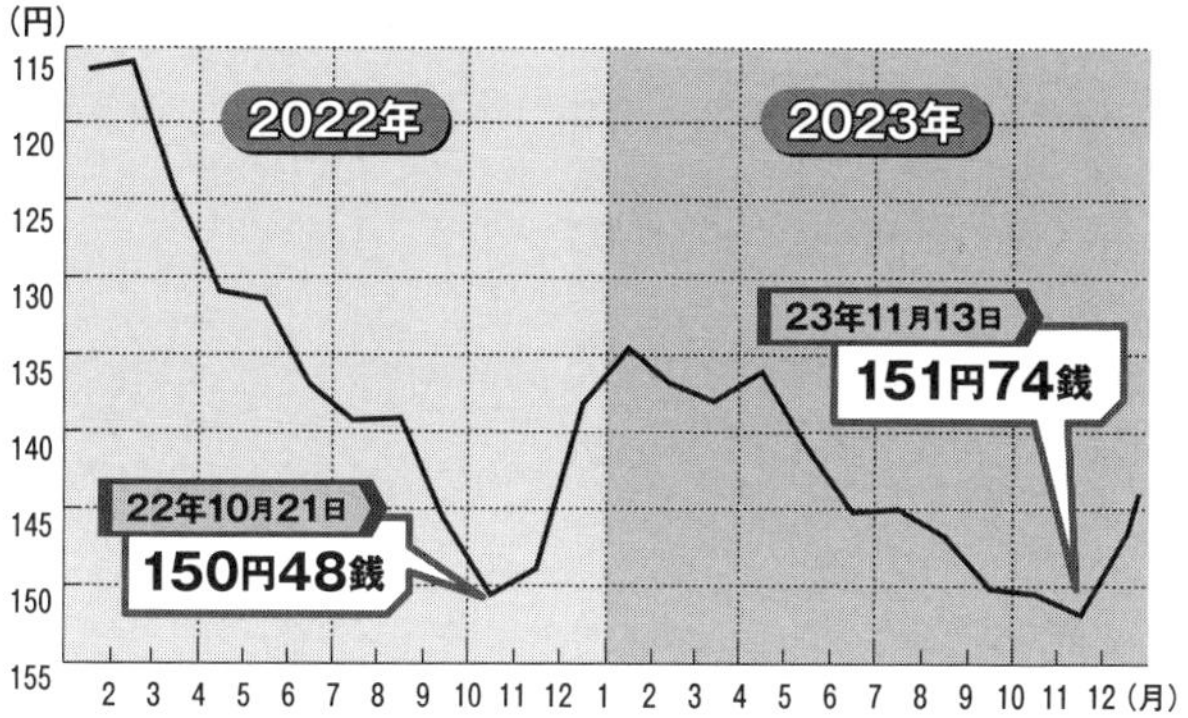

（2023年12月22日時点のグラフ）
出典：日本銀行「外国為替市況（日次）」
※東京市場ドル・円スポット 17時時点

円安や円高が毎日のニュースで取り上げられるようになったのは、変動相場制になってからです。

円高とは、円の価値が高いということ。つまり、日本経済がそれだけ成長したことを意味します。円高は１９８０年代に入ってさらに進行し、１９８７年、ついに１ドル＝１５０円を突破しました。この頃の日本は好景気に沸いていました。一方で円高の行き過ぎが問題になっています。

長年、日本の経済成長を引っ張ってきたのは、製造業を中心とした輸出産業ですが、円高は輸出産業にダメージを与えます。

たとえば、1ドル＝200円のとき、200万円の自動車を輸出して1万ドルで販売したとしましょう。円高で1ドル＝100円になると、200万円の車のドル建て価格は2万ドルに上がります。価格が上がれば車は売れなくなり、その会社の業績は悪化します。円高が行き過ぎると、自動車をはじめ輸出産業全体が大きな打撃を受けるのです。

●円安・円高の基準、あなたは知っていますか？

2022、23年は円安で輸入品の価格が高騰《こうとう》し、私たちの暮らしに深刻な影響が出ました。海外旅行も費用が跳ね上がったことで国内旅行に切り替える人が増えました。

しかし、円相場は1987年当時も今も1ドル＝150円です（23年11月17日現在）。同じ1ドル＝150円なのに、なぜ今は円安で昔は円高だったのでしょうか。

これは、円安・円高は単に以前と比較した言い方だからです。今は1ドル＝115円だったのが150円になってしまったから円安と言い、1987年の1ドル＝15

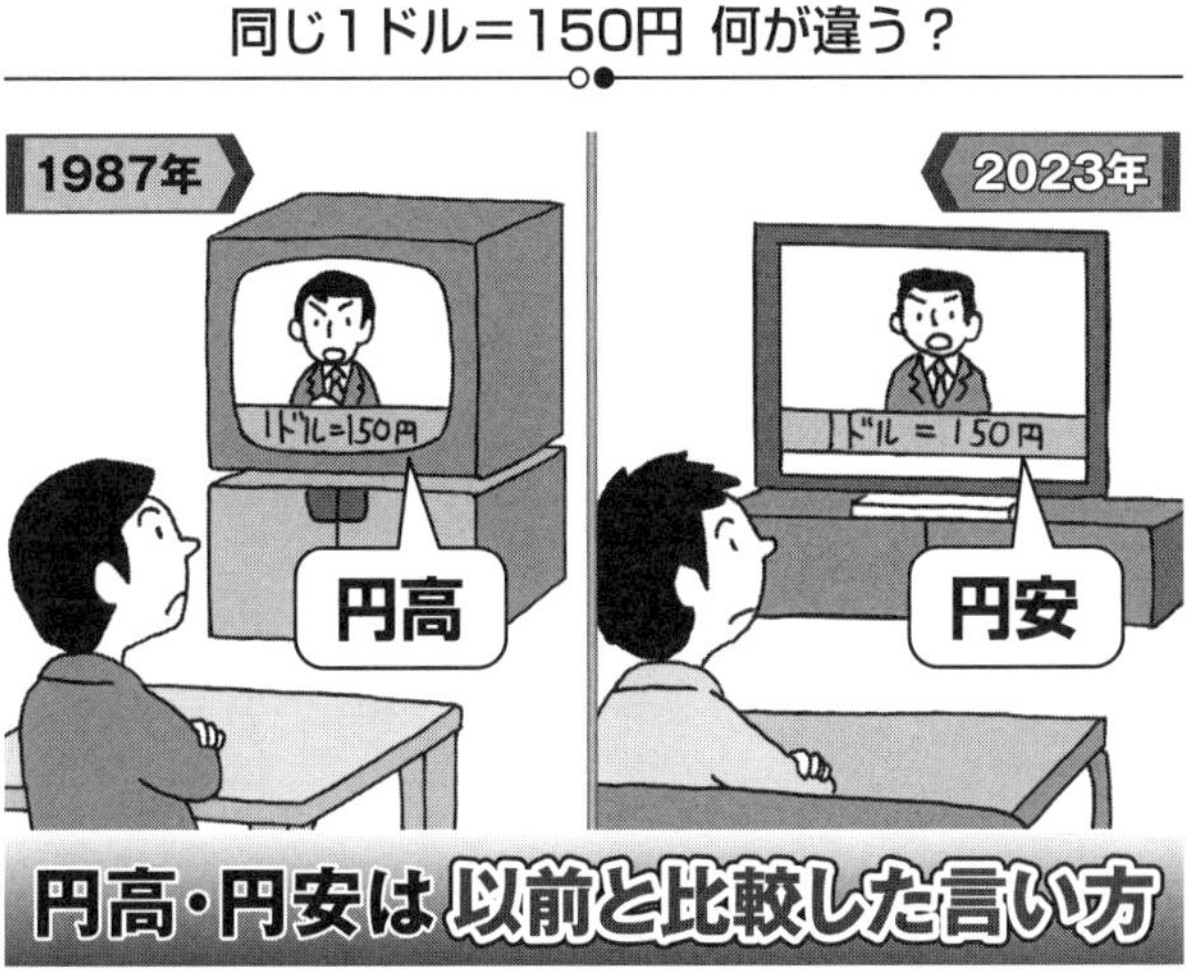

０円は２００円だったときと比べたので円高と言ったのです。いくらだから円安、いくらだから円高という決まった基準はありません。１ドル＝１５０円が時によって円安になったり円高になったりするということです。

円安は輸出の面でメリットが大きいので、一般的に日本にとってはいいこととされています。しかし、22、23年の円安はあまりいいことがありませんでした。急激に円安が進んだため、輸入品の価格が急騰して私たちの暮らしに大きな影響が出る物価高につながりました。「悪い円安」といわれているのはそのためです。

輸出産業は海外から部品を輸入して国内で組み立てるケースが多く、輸入する部品の値上がりで輸出が伸びてもあまり利益が出ない状況に陥っています。

●そもそも景気がいい状態とは?

過去30年ほど、日本は給料が上がりませんでした。23年は例年にない高い賃上げがあったのですが、それを上回る物価高で帳消しになり、むしろ生活は苦しくなりました。まだまだ不景気だなと感じている人が多いと思います。でも、先ほど例に出した1987年頃のように、みんな派手に買い物をして景気のいい時もあったのです。

なぜ景気が良くなったり悪くなったりするのか。また景気がいいとはどういうことなのか。それを次に考えます。

たとえば、次ページのイラストのような町があったとします。大勢の町民が利用するスーパーマーケットの他、パン屋、精肉店、洋服屋、美容院があり、主に町の人が働く工場、そして銀行があります。

この町は、かつて工場が大ヒット製品の製造拠点となって大いに潤《うるお》いました。スー

景気がいいとはどういうことか？

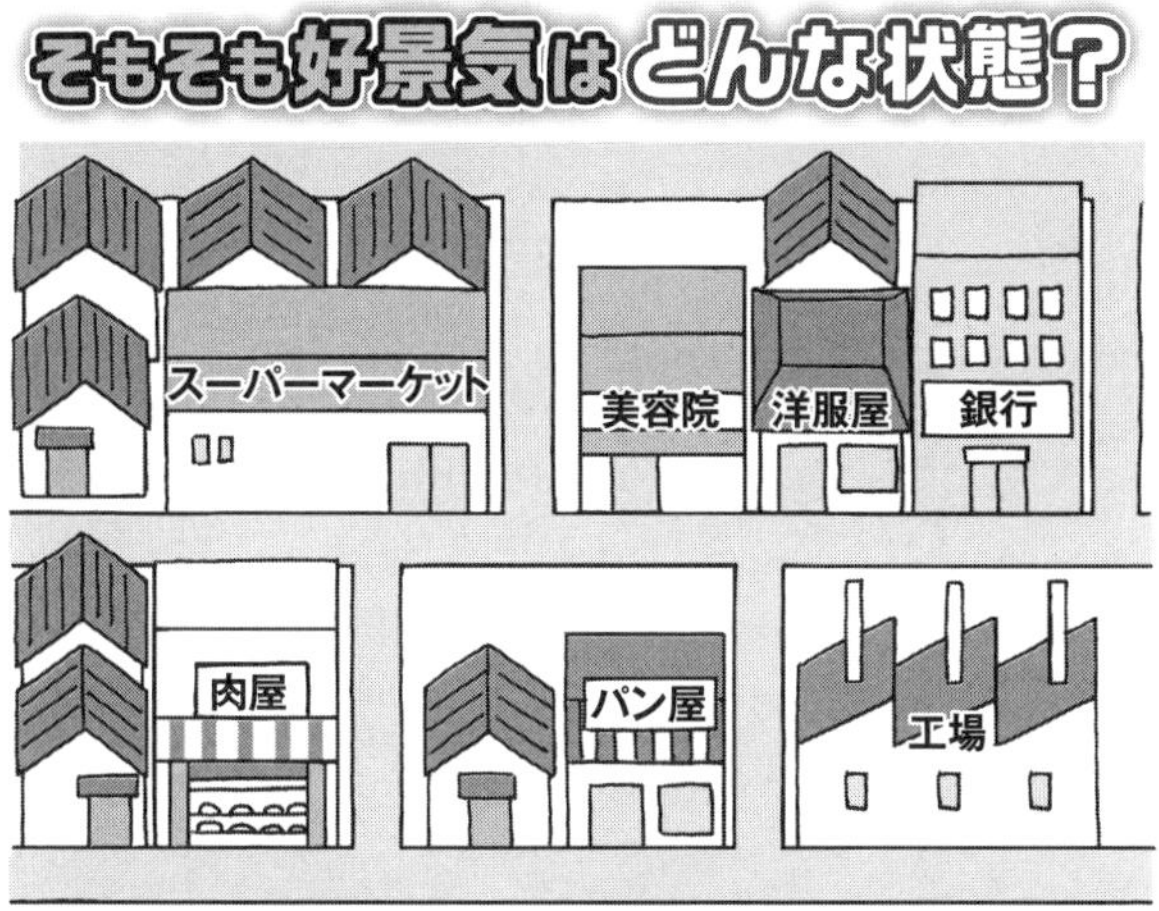

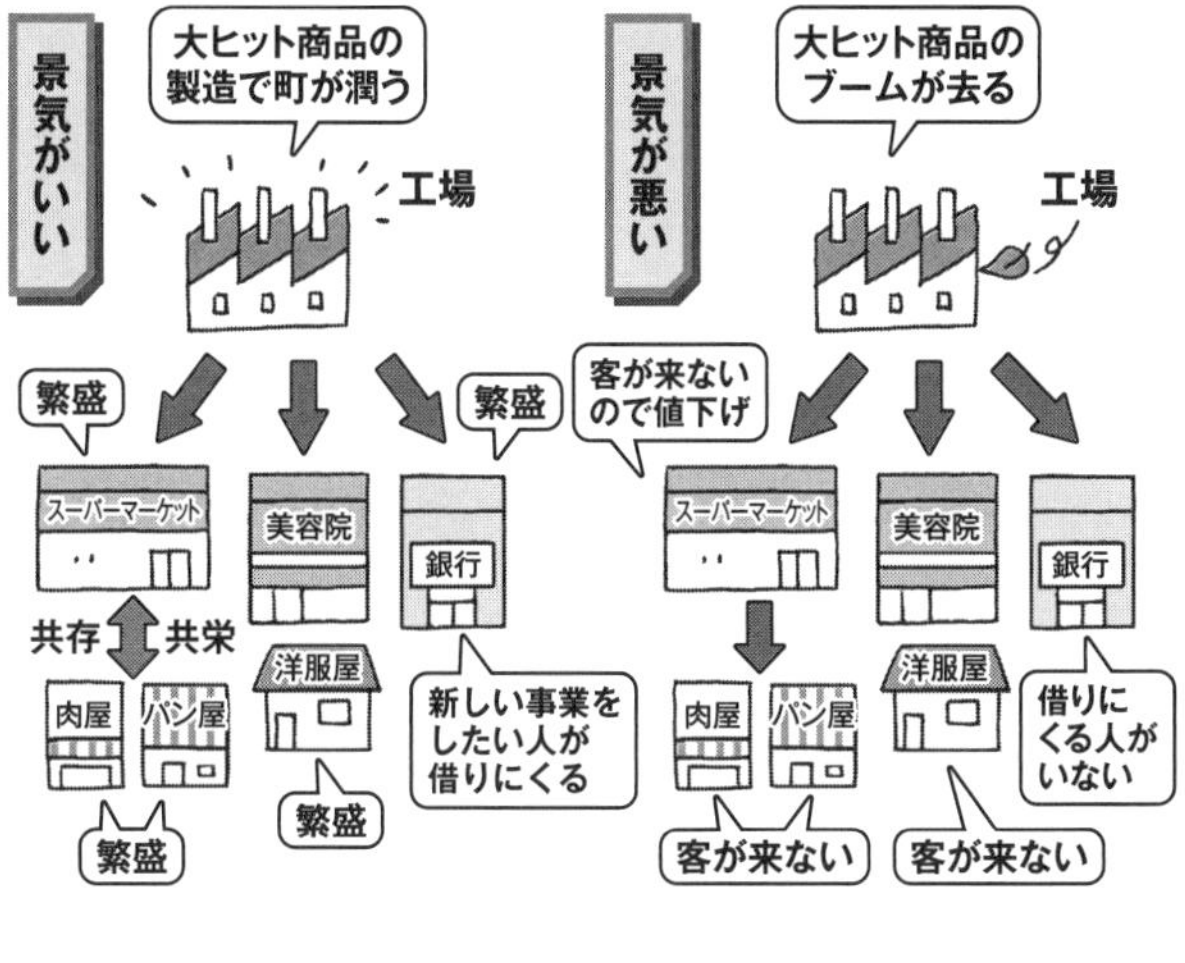

パーマーケットに行けばパンも肉も売っていますが、町のパン屋、精肉店にも客が集まり、共存共栄の関係でした。財布のひもが緩《ゆる》んだ人たちはせっせと美容院に通い、洋服屋も常に新しい服や流行の服を求める人で繁盛《はんじょう》。新しい事業を起こそうという人は銀行にお金を借りに行き、銀行も儲かっていました。

ところが、いつしか大ヒット製品のブームが去り、工場は生産の縮小を余儀なくされます。従業員の新規採用が止まって、工場を辞める人が増えました。モノが売れなくなったためスーパーマーケットが安売りを始めたところ、パン屋や精肉店に客が来なくなり、両店とも値段を下げて巻き返しに懸命《けんめい》です。

このように、一つの町でも景気は良くなったり悪くなったりするわけです。では景気が良いとはそもそもどんな状態なのでしょうか。

◉好景気とは、「お金の流れ」が良くなること

景気が良い状態のことをこんなふうに言います。

「好景気とはお金の◯◯が良くなること」

好景気とはお金の流れが良くなること

◯◯に何が入るかわかりますか？

答えは「流れ」。

好景気とはお金の流れ、あるいはお金の回りが良くなることです。お金がぐるぐる回っているのが、景気が良い状態。逆に、どこかで滞《とどこお》ったり、回りが遅かったりするのが、景気が悪い状態。景気の良い悪いでこういう違いがあるのです。

ちなみに、次の言葉の意味はちゃんと説明できますか？

「お金は天下の回りもの」

この天下は天下人や偉い人のことではなく、世の中のことです。金銭は世の中を常に巡っていて一ヶ所にとどまっていることはないと言っています。ということは、お金が一ヶ所にとどまっていたり、お金が回らなかったりしたら、それは問題だということでもあります。

◉景気の良し悪しは、川の流れに喩えるとよくわかる!!

普通は誰もがいろいろな買い物をして、外食をしたりレジャーにお金を使ったりしています。それなのに、なぜお金の流れが悪くなるのでしょうか。

景気の良し悪しは、川の流れに喩《たと》えるとよくわかります。１５８ページからのイラストを見てください。

山中の水源地から湧《わ》き出した川の水は上流から下流へと流れていき、やがて蒸発して雲となり、山に雨を降らせ、再び下流に向かって流れていきます。こういう水の循環をイメージしたものと考えてください。

最初は川上から川下までまんべんなくスムーズに水が流れています。川の水がお金だとしたら、こういう時は景気が良い状態です。

この川は、上流にダムや貯水池を作ってしまうと流れが悪くなります（１６０ページイラスト）。上流には水がいっぱい溜《た》まりますが、下流で川の水が干上がってしまうのです。川上で水を溜め込んだ結果、川下までちゃんと流れてきません。これがお金の流れが悪くなった状態です。

さらによく見ると、勢いよく水が流れているところもあれば、チョロチョロ状態で流れが詰まっているところもあります。地形や様々な条件の違いで水の流れが変化す

好景気な状態

流れがスムーズ ＝ 好景気

るように、お金の流れもスムーズなところと、詰まって流れが悪くなったところが出てきます。

全体的には不景気であっても、細かく見れば景気のいい業界と不景気な業界が混在している場合があるのです。

大きく見て不景気だからといって、業界のすべてが不景気だとは限らないということです。

●企業がたくさんお金を貯め込んでいる

この川を実社会に当てはめると、水の流れを作り出す源となる山が政府、川の上流が大企業、中流が中小企業、下流が国民に相当します（162ページイラスト）。

政府が何とかして川の水を流そうと努力しても、大企業や中小企業が水を溜め込んでしまうと、水は一般の国民まで流れていかなくなります。下流で川が干上がってしまうわけで、大企業や中小企業が溜め込んだこの大量の水が、いわゆる内部留保と呼ばれるものです。

景気は環境や条件の違いによって変わる

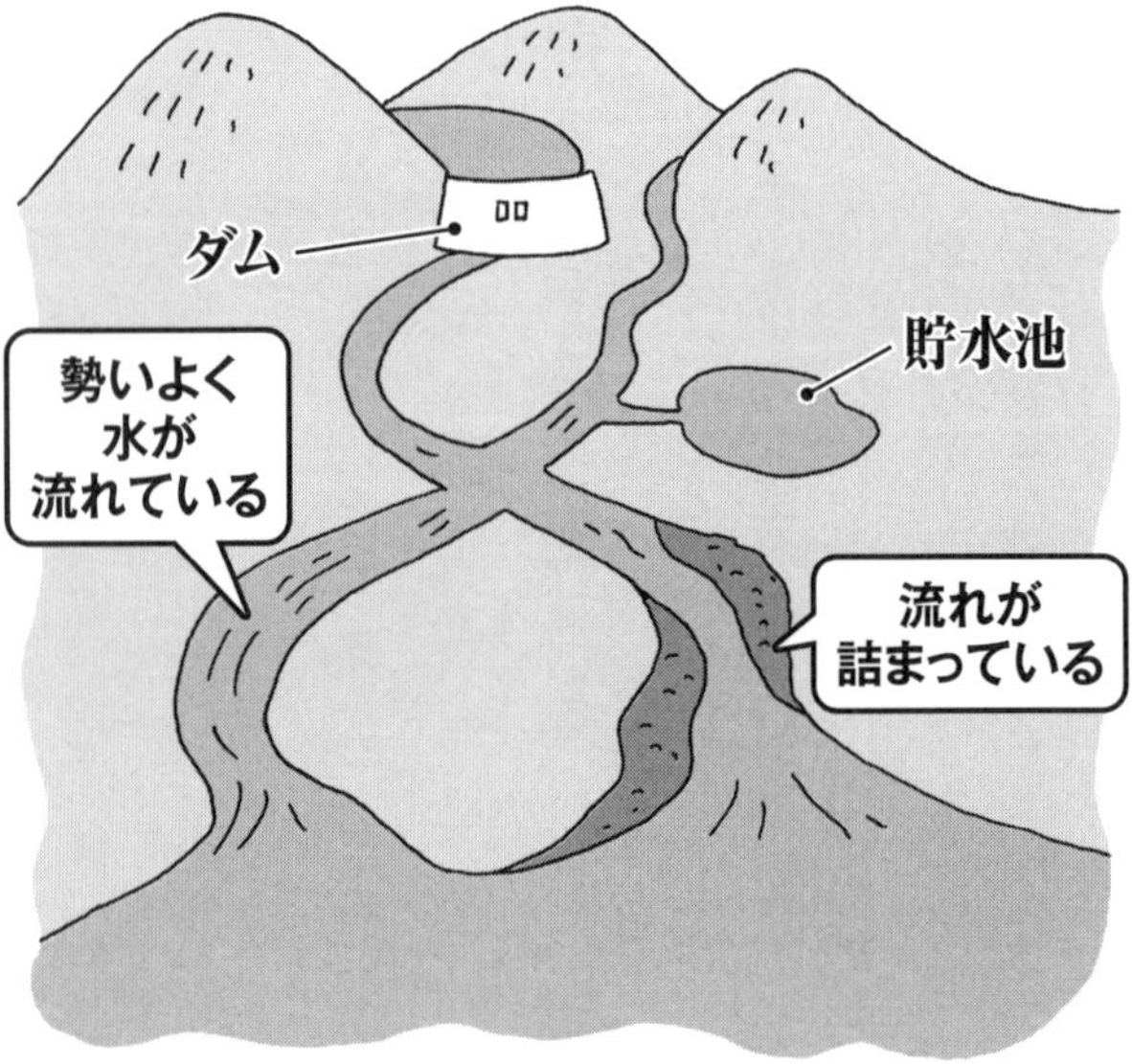

**景気のいい業界と
不景気の業界が
混在している**

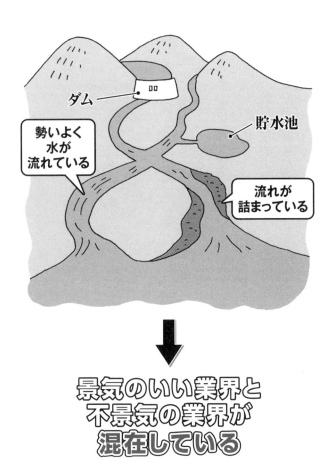

専門的に言えば、内部留保は企業が万が一の事態に備えて積み立てたお金のことです。この金額は年々増える一方で、2020年度が約484・4兆円、21年度が約516・5兆円、そして22年度は約554・8兆円に達しました。実に11年連続で過去最高を記録しています。（出典：財務省）

企業は莫大《ばくだい》な額のお金を保有しているのに、将来が不安だからという理由でなかなか使おうとしません。お金があっても貯め込んでしまう。だから景気が良くならないのです。

企業がここまで内部留保を増やすようになった直接の原因は、2008年に起きたリーマンショックでした。リーマンショックとは、アメリカの大手投資銀行リーマン・ブラザーズの経営破綻をきっかけに起きた世界的な金融危機のことです。日本でも景気が悪化して人員削減が相次ぎ、企業の倒産件数も激増しました。企業はこの時の苦い経験から、せっせとお金を貯め込むようになったのです。

実際、2011年には東日本大震災があり、2020年には新型コロナの流行がありました。こういうことが今後も起きるかもしれないという不安を抱えているため、

内部留保で国民までお金が行きとどかない

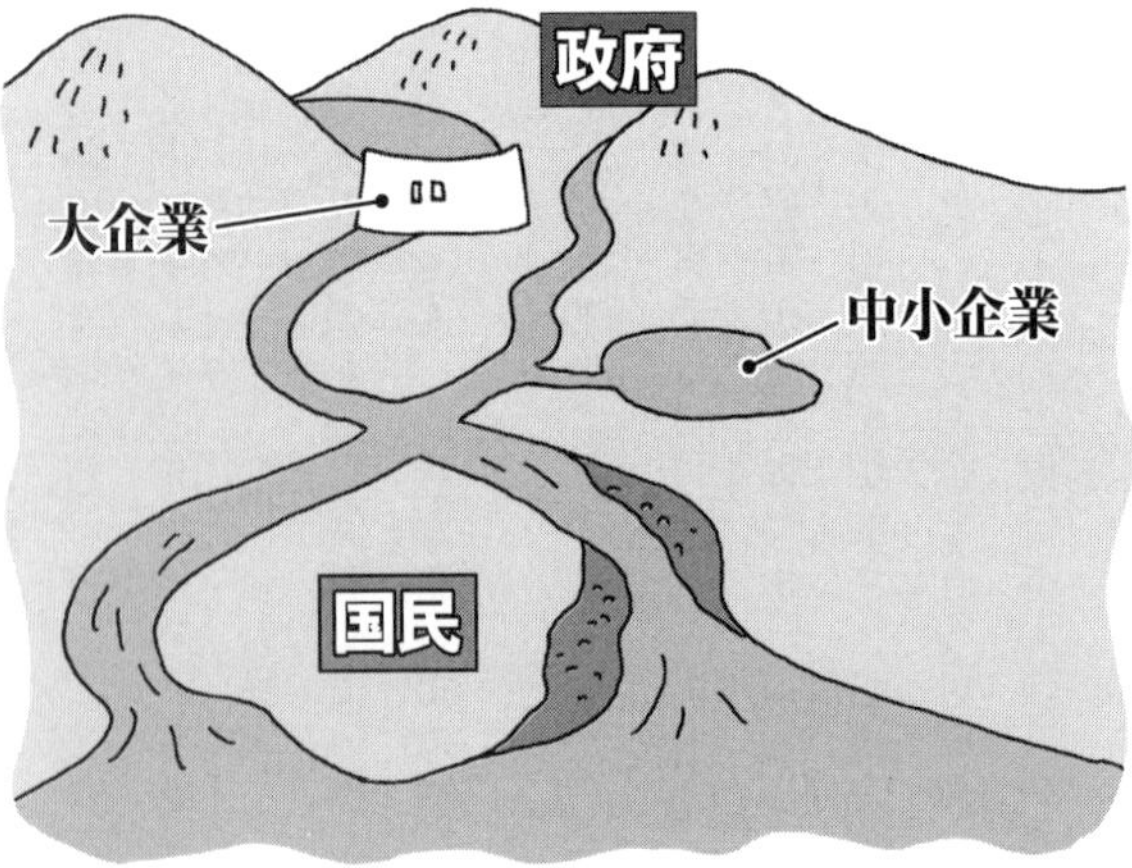

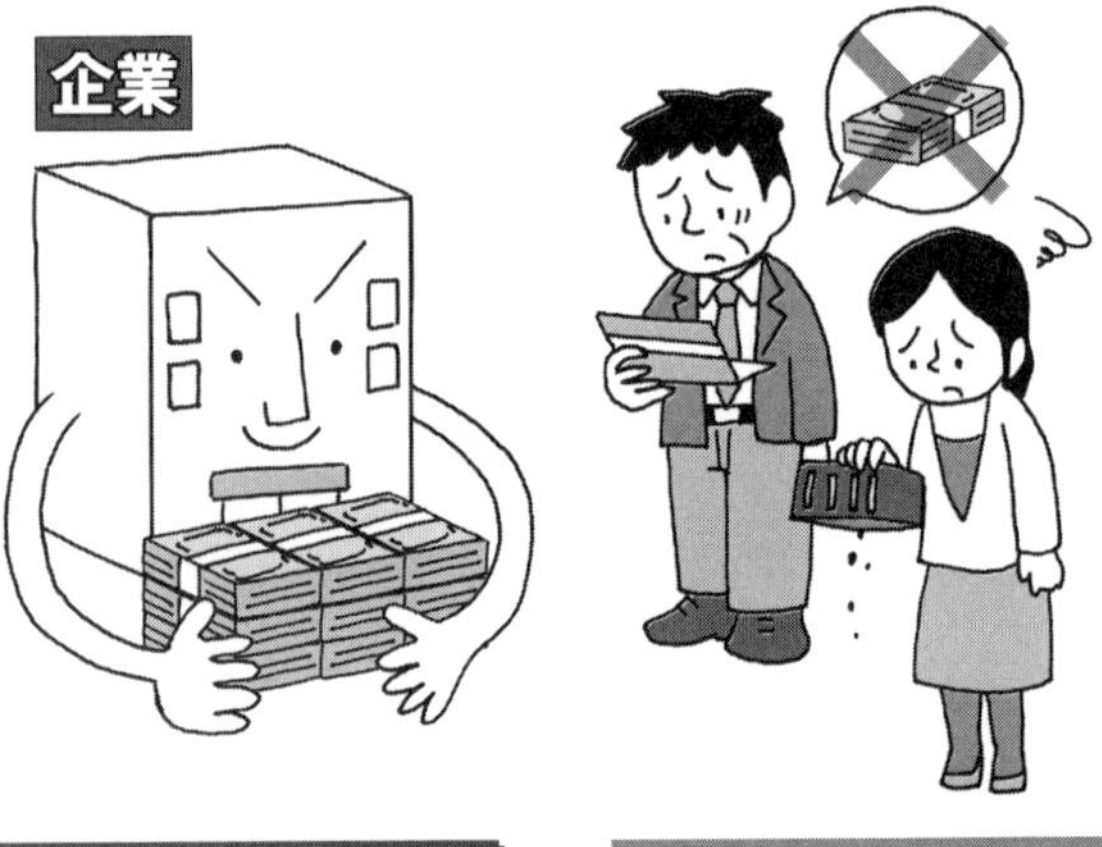

企業が貯め込む → お金が回らない

内部留保の推移

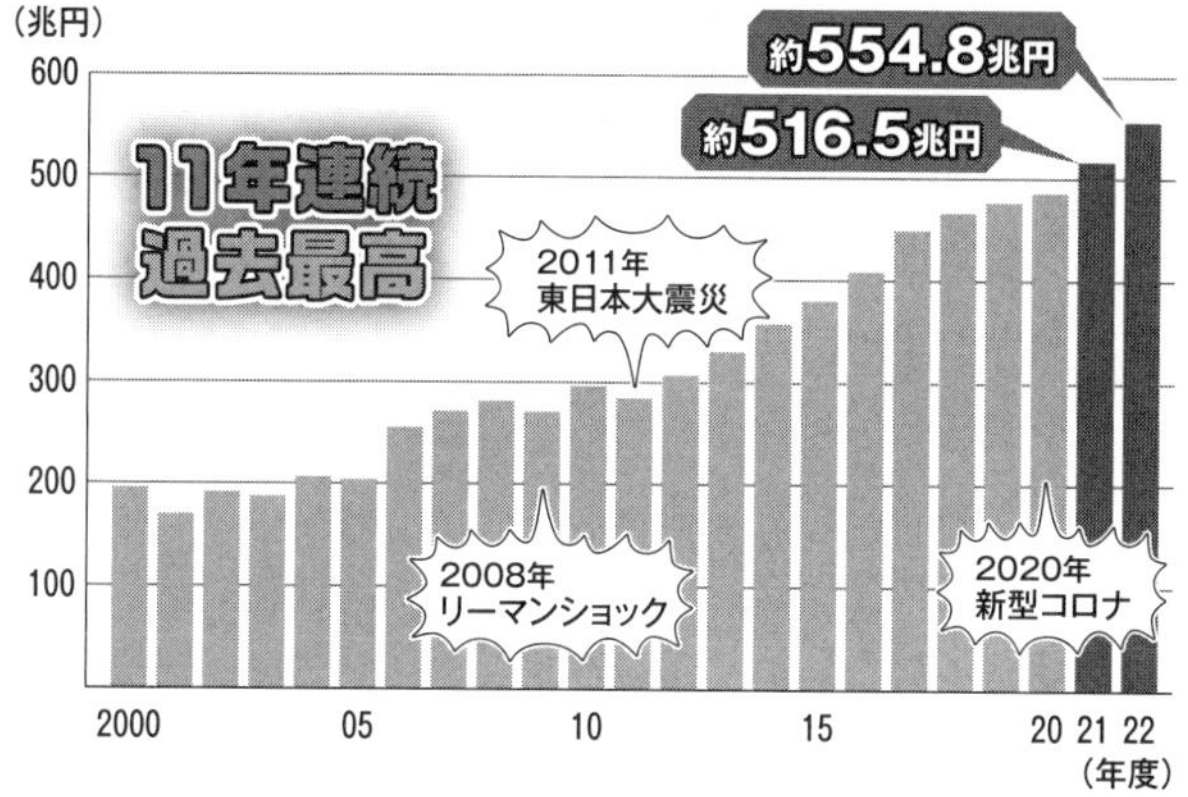

大企業も中小企業も必要以上に内部留保を増やす動きに出ています。

ところが、日本経済の全体を見渡したとき、企業がお金はあるのに使わないということは、新たに人を雇わない、給料は増やさない、工場を建てない、新しい設備を導入しないということですから、お金は流れていきません。お金が世の中をぐるぐる回るどころか、流れが滞《とどこお》ってしまうのです。景気が良くならない理由の一つがここにあります。

日本政府としては、これを何とかしなければということで、「お金を貯め込まないでちゃんと使ってほしい」と企業に要請していますが、十分な効果が上がっていないのが現状です。

「使わないのなら税金をかけたらどうか」という議論もあります。貯めておいても仕方がないので、税金で徴収して政府が使えばいいという発想です。

ところが、企業にしてみれば、法人税などの税金を納めた後、残ったお金を合法的に貯めているわけです。それにまた税金をかけるのは二重課税ではないかという反発があり、今のところ実現の見込みは乏しいといわれています。

●コロナ禍で打撃を受けた業種、アップした業種

日本が好景気で沸いていた頃は、給料も年々上がり、お金が猛スピードでぐるぐる回っていました。川の喩《たと》えで言えば、ダムも貯水池もなく流れがスムーズだったのですが、企業が貯め込むようになってお金があまり回らなくなり、今はあちこちで川底がむき出しになっています。

特に新型コロナのパンデミックが世界を襲い、日本も同様の災禍に見舞われた2020年から21年にかけては、景気が落ち込み、低迷しました。ただし、コロナ禍で起

コロナ禍の不景気の特徴とは？

きた不景気には、それまでとは違った特徴があります。

世の中のお金の流れが悪いと全体が不景気になるものですが、コロナ禍のときは業種によっては景気が良くなったところもあり、はっきり明暗が分かれたのです。

外出制限や営業自粛で大打撃を受けたのが飲食業界や旅行業界です。

一方、いわゆる巣ごもり需要で恩恵を受けたのは、電気通信・郵便、宅配、ゲーム業界などです。在宅勤務が増えたことでIT関連ツールが必要不可欠になり、家で過ごす時間が増えて宅配やゲームへのニーズが高まりました。

この三つの業界以外にも、次のようなところが業績をアップさせています。

衛生用品業界では消毒のためのアルコールや体温計、マスクなどがよく売れました。特にマスクは、コロナ禍が始まった当初、ことごとく売り切れてしまい、メーカーがフル回転で増産しても追いつかなかったほどです。

大型家電量販店も空気清浄機、食料を備蓄するための冷蔵庫が売れ行き好調で、この際一緒に新しくしようということでエアコンも売れました。

さらに、ネット通販の利用者が増えたことで宅配の物流が活況を呈しました。これ

コロナ禍で業績がアップした業種は？

により、思わぬかたちで業績を伸ばしたのが段ボール業界です。ネット注文した商品は段ボール箱に入れて届けられるからです。大手段ボールメーカーの21年4〜9月の売り上げは、前年同期比で約10パーセント増えました。（出典：東京商工リサーチ）

こういった業界は、コロナ禍にあっても非常に景気が良かったのです。

これに対し、人が来ないと始まらない飲食業や旅行業など人の流れに関係する業界は、軒並み深い傷を負いました。

景気も分野によって変わる時代になったのかもしれません。とはいえ、全体としては不景気が続き、コロナ禍を脱して経済活動が活発になった今も、まだ景気がいいとは言えない状態です。給料も過去30年、ほとんど上がりませんでした。物価高の影響もあって２０２３年はやっと高い賃上げが実現しましたが、24年以降どうなるかはまだ予断を許さない状況です。

●個人が貯め込んだタンス預金は１０６兆円!?

景気が良くならない要因の一つがお金の貯め込みでした。実は、お金を貯め込んでいるのは企業だけではありません。個人もたくさん貯め込んでいます。企業以外に、日本には回っていない莫大なお金があるのです。

あなたは身に覚えがありませんか?

個人が家に貯め込んでいるお金のことをタンス預金と言います。銀行に預けないで、家でへそくりのようなかたちで貯めている現金です。

タンス預金の総額は2023年9月末時点で約106兆円に上りました(出典：日本銀行「資金循環統計」2023年9月末時点)。日本の国家予算が約114兆円なので、それに匹敵《ひってき》するほどの現金が眠っていることになります。(2023年度一般会計当初予算・歳出。出典：財務省)

年齢別で見ると、特に高齢者の方がたくさん貯め込んでいます。もちろん高齢者といってもバラツキがあり、年金だけで細々と暮らしている人もいれば、多額のお金を貯め込んでいる人もいます。

この約106兆円はあくまで現金です。この他に預金、株、債券などで貯めているものもあり、現金を含んだ全体を個人金融資産と言いますが、その総額は約2121

日本のタンス預金の総額は？

回っていない超大金が!!

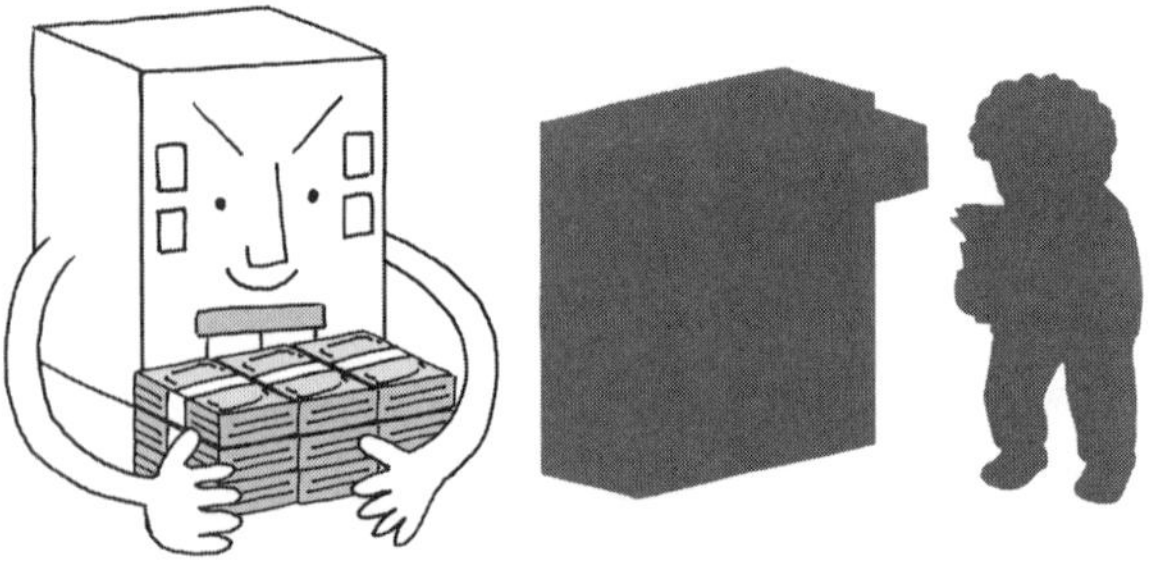

タンス預金など個人が持つ現金

約106兆円

出典：日本銀行「資金循環統計」2023年9月末時点

個人が金融資産を貯めこむ、驚きの総額は？

家計の金融資産

約2121兆円

※株や債券などを含む

出典：日本銀行「資金循環統計」2023年９月末時点

兆円に達します（出典：日本銀行「資金循環統計」２０２３年9月末時点）。驚くべきことに、約30年前に比べて倍増しました。

そうやって個人が金融資産を貯め込むようになったのは、やはり将来への不安があるからです。２０２０年、コロナ禍で経済活動が停滞したときに、政府は一人当たり10万円の特別定額給付金を支給しました。受け取って全額使った人もいますが、かなりの人がそれを銀行に預金したままで使わなかったといわれています。その分、一段と金融資産が増えてしまいました。

景気対策という点では、本当は貯めな

日本の国家予算2023年度（歳出）

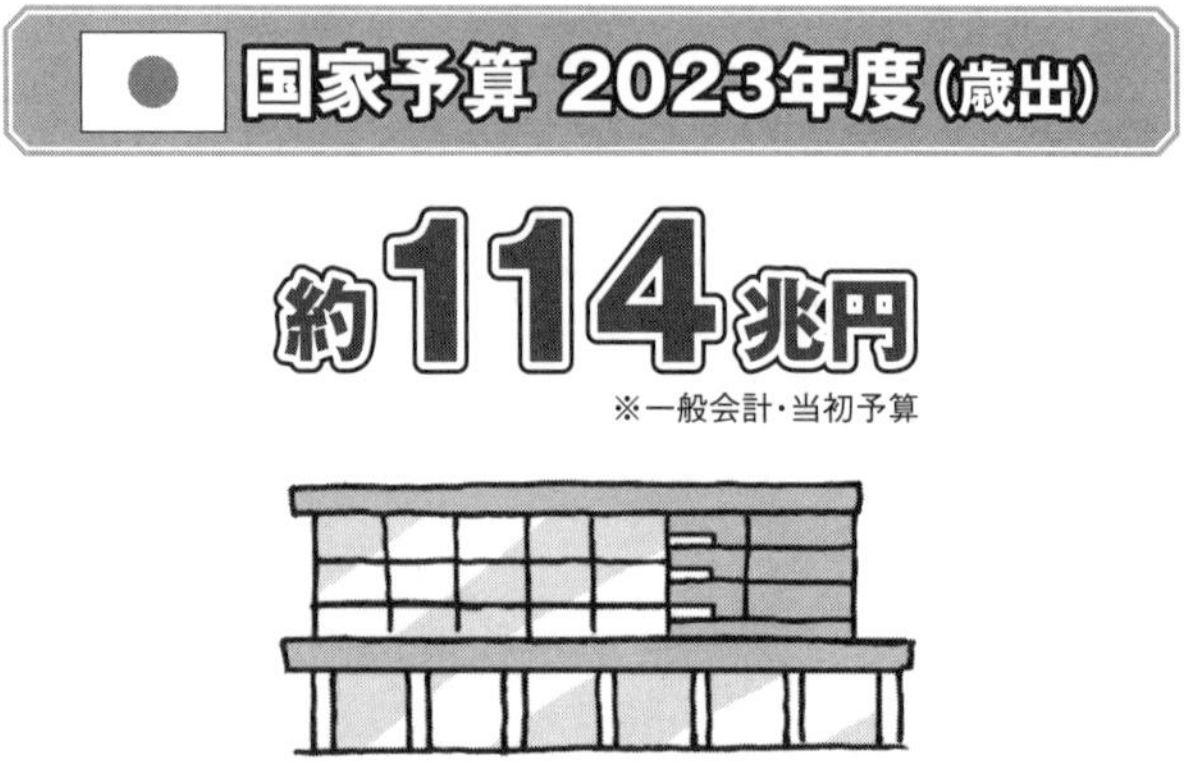

出典：財務省

いで使った方が効果があるのです。お金が世の中をぐるぐる回るようになるからです。でも、高齢者は病気をしがちで、どうしても将来が不安なのであまり使いたがりません。

　高齢者と比べてお金をたくさん使ってくれるのは、なんといっても若者です。何とか若い人にお金を使ってもらおうと、テレビでも若者が大勢見ている番組には数多くのスポンサーがついています。

　さらには、テレビ局が特に若い人に見てもらえる番組を作ったり、企業側でも若者向けの新商品を積極的に開発したりといった、新しい流れが生まれています。

日本にはお金がないわけではなく、回っていないだけです。今はお金を使う若者がターゲットの時代であり、貯めるのではなく使ってもらうことで景気を良くしようとしているのです。

第6章

basics of economy

日本が目指す新しい経済のかたちとは？

——めざせ！　成長と分配の好循環

●どうやって世の中にお金が回っている？

お金の流れは、よく人間の体の血液の流れに喩《たと》えられます。血液が体の隅々までスムーズに流れている人は健康ですが、どこかの血管が詰まって血液の流れが止まると病気になってしまいます。お金の流れもこれと同じで、お金が世の中をきちんと回っていれば経済状態はいいということです。

では、お金はそもそもどういうふうに回っているのか、次にそれを確認しておきましょう。

主役は家計、企業、政府の三つです。中学校3年の「公民」の教科書に必ず出てくる言葉ですね。

家計は一般家庭のことです。一般家庭はいろいろな企業から買い物をして、同時にそれらの企業で働いて給料を受け取ります。受け取った給料の一部は税金として国（政府）に納め、国からは様々な公共サービスを受けます。国は集めた税金で公共事業を行い、また補助金を出すなどして企業の仕事を増やし、企業は利益が出たら国に税

景気の良し悪しは何で決まる？

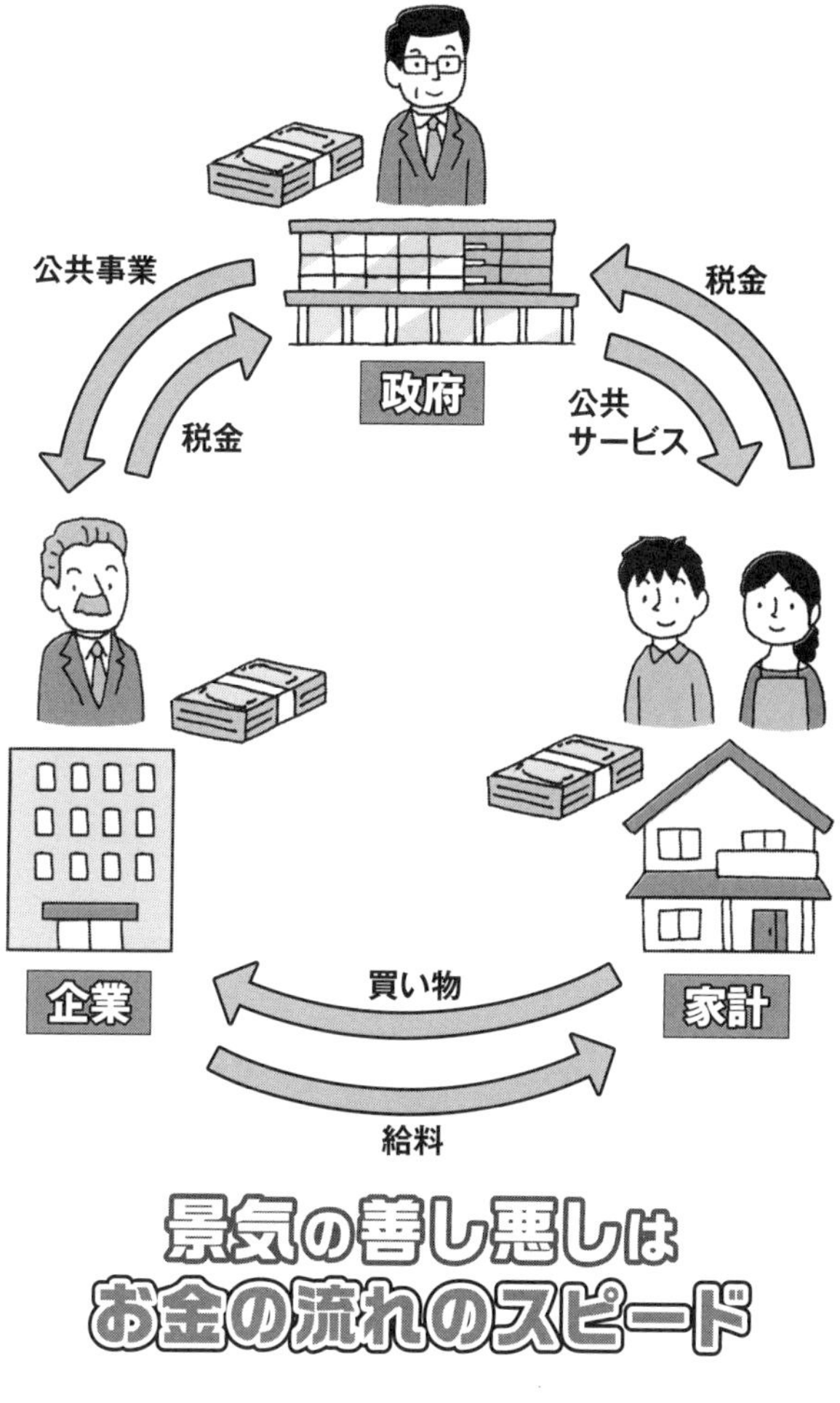

金を納めます。

おおざっぱに言うと、こういうかたちでお金が回っているわけです。

前に述べたように、お金がぐるぐる回っていれば好景気、お金の流れが滞《とどこお》っていれば不景気でした。これは言い換えると、お金の回るスピードが景気の良し悪しを決めるということです。

景気を良くするためには、単にお金を回すだけでなくスピードが大事なのです。

●お金の回るスピードが速いと景気がいい

ここで簡単な思考実験をしてみましょう。

家計、企業、政府の間で1週間に1回、100万円が回るとします。すると、一般家庭には1週間で100万円入ってきます。でも、もし1日に1回回るとしたらどうでしょうか。一般家庭には毎日100万円、1週間で700万円のお金が入ることになります。

1週間で100万円と毎日100万円。あなたはどちらがいいですか？　毎日100

お金を速くスムーズに回すには？

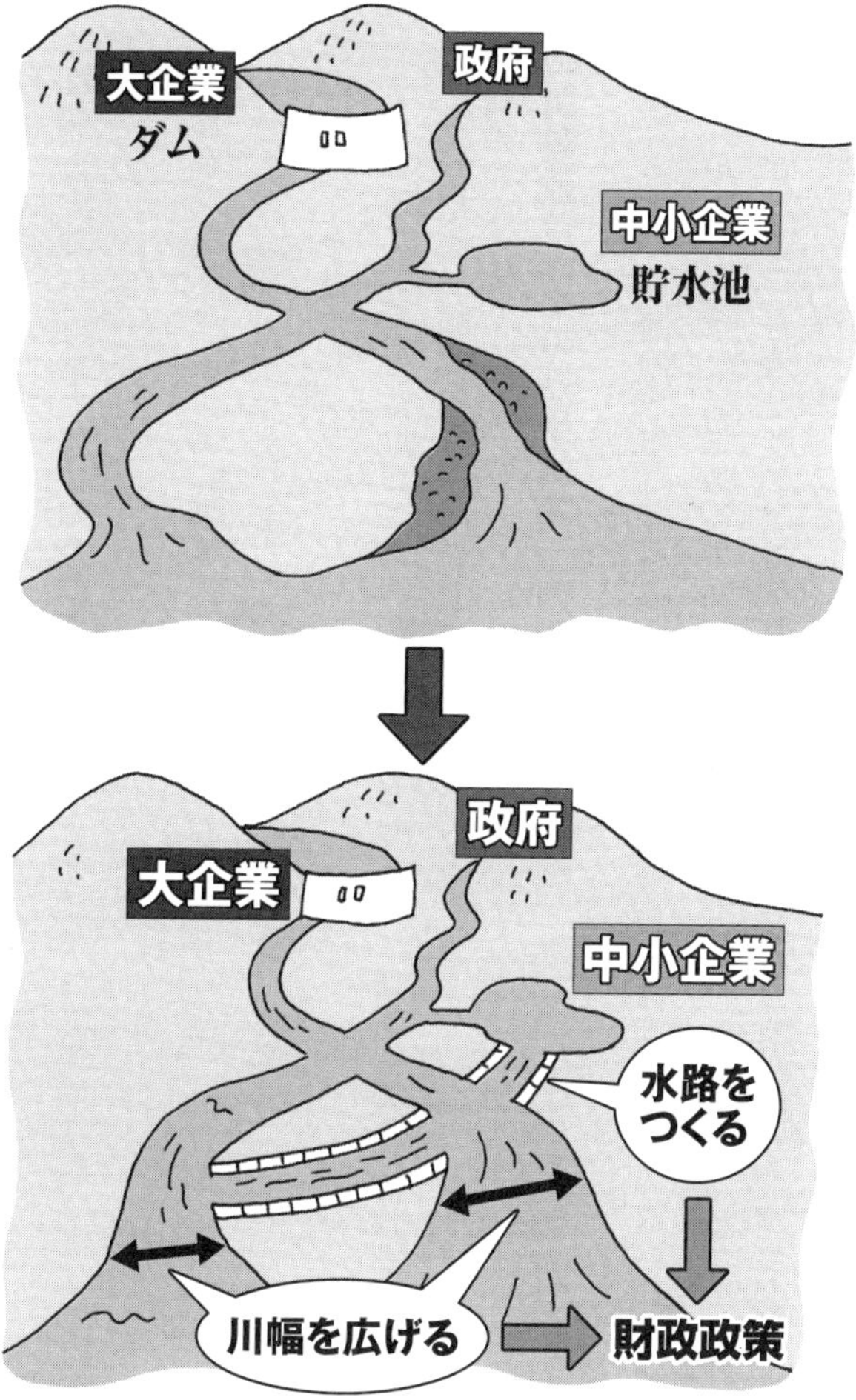

0万円なら明日もまた100万円入ってきます。そうなれば財布のひもが緩《ゆる》み、消費は活発になりますよね。つまり、お金が回るスピードが速くなると景気は良くなるのです。

問題は、お金を速くスムーズに回すにはどうすればいいかです。179ページ上段のイラストのように不景気を表した川の場合、企業が溜め込んでいる水を流す以外に、どんな方法があるでしょうか。

水のあるところから水のないところへ流す方法としては、新たに水路を作る、川幅を広げるなどが考えられます。これが国が行う景気対策です。

◉政府の財政政策、その効果は？

景気を良くするのも国の大事な役目の一つです。政府や日本銀行が行う政策は大きく二つ。それが財政政策と金融政策です。

税金を使って新しく道路を作り、橋を架けるといった公共事業を行うと、みんなにお金が行き渡り景気が良くなります。政府のこういうやり方のことを財政政策と言い

政府の財政政策

ます。

具体的には、政府が公共事業を増やせば、道路や橋を作っている建設会社は新たに人を雇って仕事を請け負い、業界全体が潤います。利益が上がった会社では、働いている社員のボーナスも出ます。ボーナスが出れば、社員や家族はそのお金で買い物をし、結果的に多くの店が儲かるわけです。

特に1960年代、70年代の高度経済成長期は、この政策がピタリとはまって日本はどんどん豊かになっていきました。ところが、近年はいくら公共事業をしても景気が良くならず、このやり方が通用

公共事業で景気が良くなるのは、なぜ？

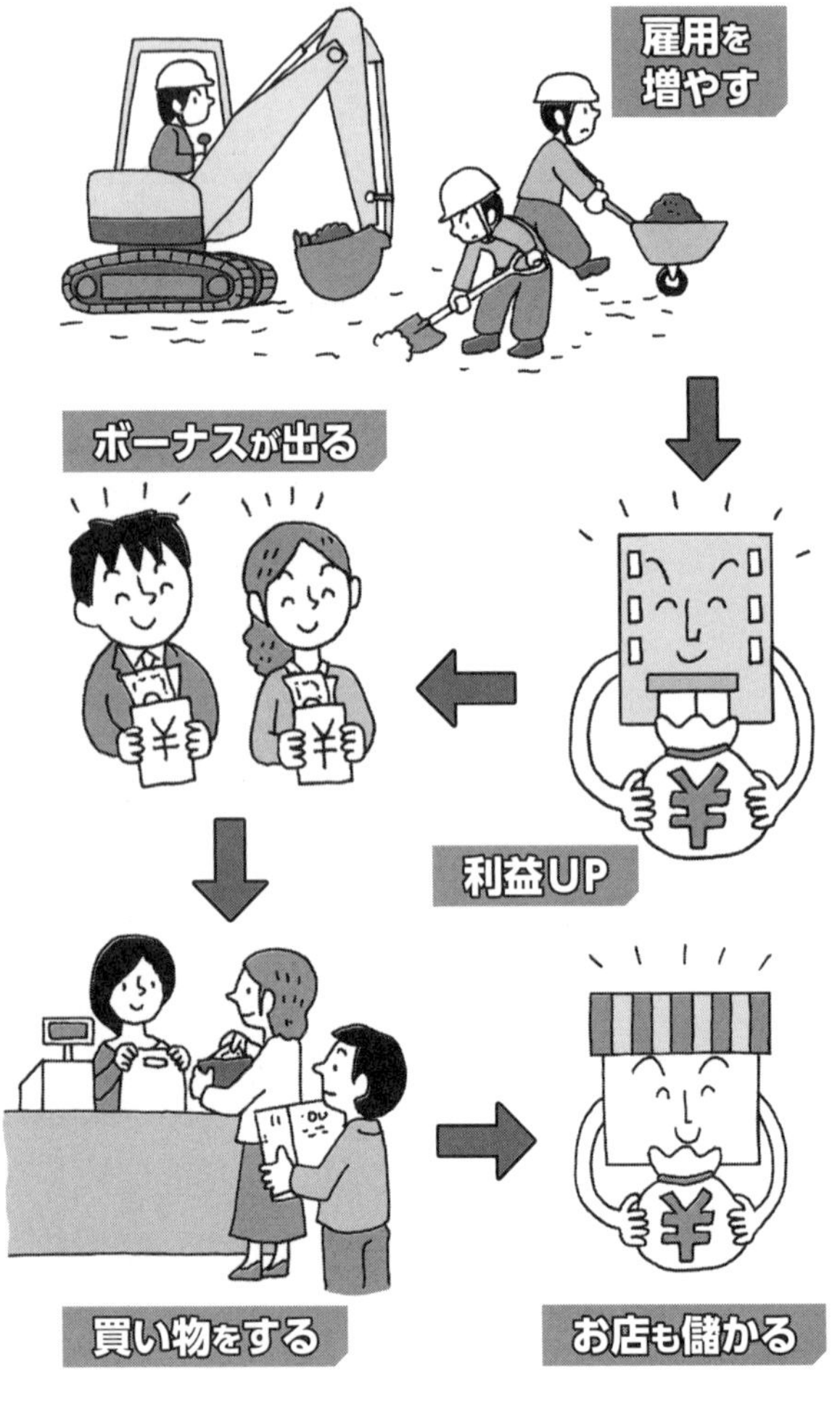

しなくなっています。それはなぜなのか。

政府が公共事業に力を入れているうちに、業界の規模が拡大し、建設業者の数が大幅に増えました。そうなると、公共事業を行ってもそれ以上雇用は増えなくなります。政府が投じたお金は、既にある建設会社を維持するためだけに使われてしまい、好景気につながらないのです。

さらに、むやみやたらと公共事業を行ったため、人が全く来ないところに高速道路を作ったり、税金の無駄遣いといわれる建物を建てたりと、「景気回復どころか借金を増やしただけじゃないか」と批判されるケースも出てきました。

これは社会が成熟したということでもあり、今では公共事業をしてもなかなか景気が良くならなくなってしまいました。

●日銀の金融政策でお金の量を増やした!

もう一つの政策が日銀による金融政策です。

不景気の時に行う金融政策は、世の中に出回るお金の量を増やして、お金の貸し借

社会が成熟すると、公共事業では景気が良くならない

日銀の金融政策

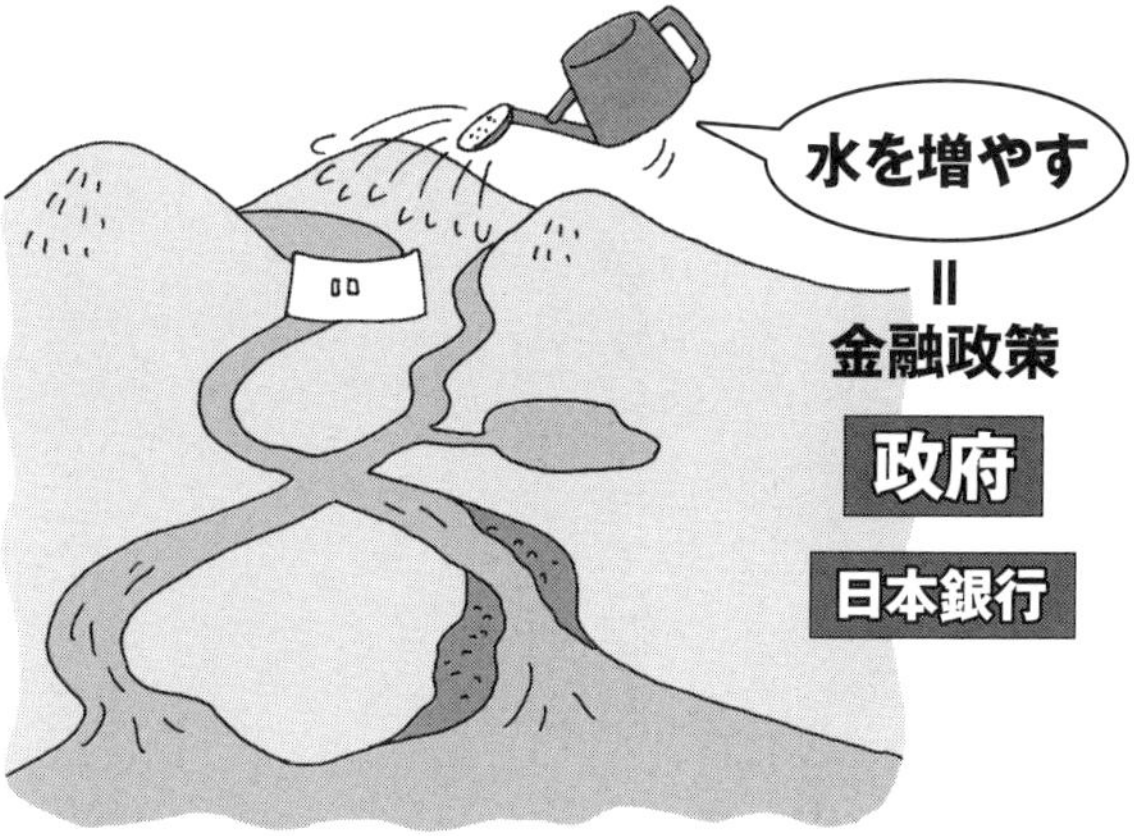

りをしやすくするというものです。

お金の量を増やすと銀行はカネ余りの状態になり、金利を下げてでもお金を貸そうとするので実際に金利は下がっていきます。銀行からお金を借りるときに払う利子が少なくなればなるほど、お金を借りる企業は大助かりです。借りたお金で新しい設備を導入し、雇用を増やせば、景気は良くなると考えられます。

近年、財政政策と金融政策を思い切ってやったのがアベノミクス（2012年12月末に発足した安倍晋三内閣が掲げた経済政策）です。

アベノミクスの三つの柱は次の通り。

①市場のお金を増やす大胆な金融政策
②大型予算を組んで公共事業などを行う財政政策
③規制緩和でビジネスを自由に

中でも金融政策は「異次元緩和」と呼ばれ、世の中にたくさんお金を流して金利をゼロに近づけるというものです。

こうした政策によってわざとインフレにしようというのが、アベノミクスの狙いでした。

●「インフレ」「デフレ」って何？

インフレとは、前にも述べたように、いろいろなモノやサービスの値段が全体として上がり続けることです。

物価が上がってモノを高い値段で売ることができれば、企業は儲かります。企業が儲かれば給料を増やすことができる。給料が増えれば、みんなたくさん買い物をするようになる。そうやってみんながお金を使えばモノがよく売れ、企業が値段を上げて

インフレとは？

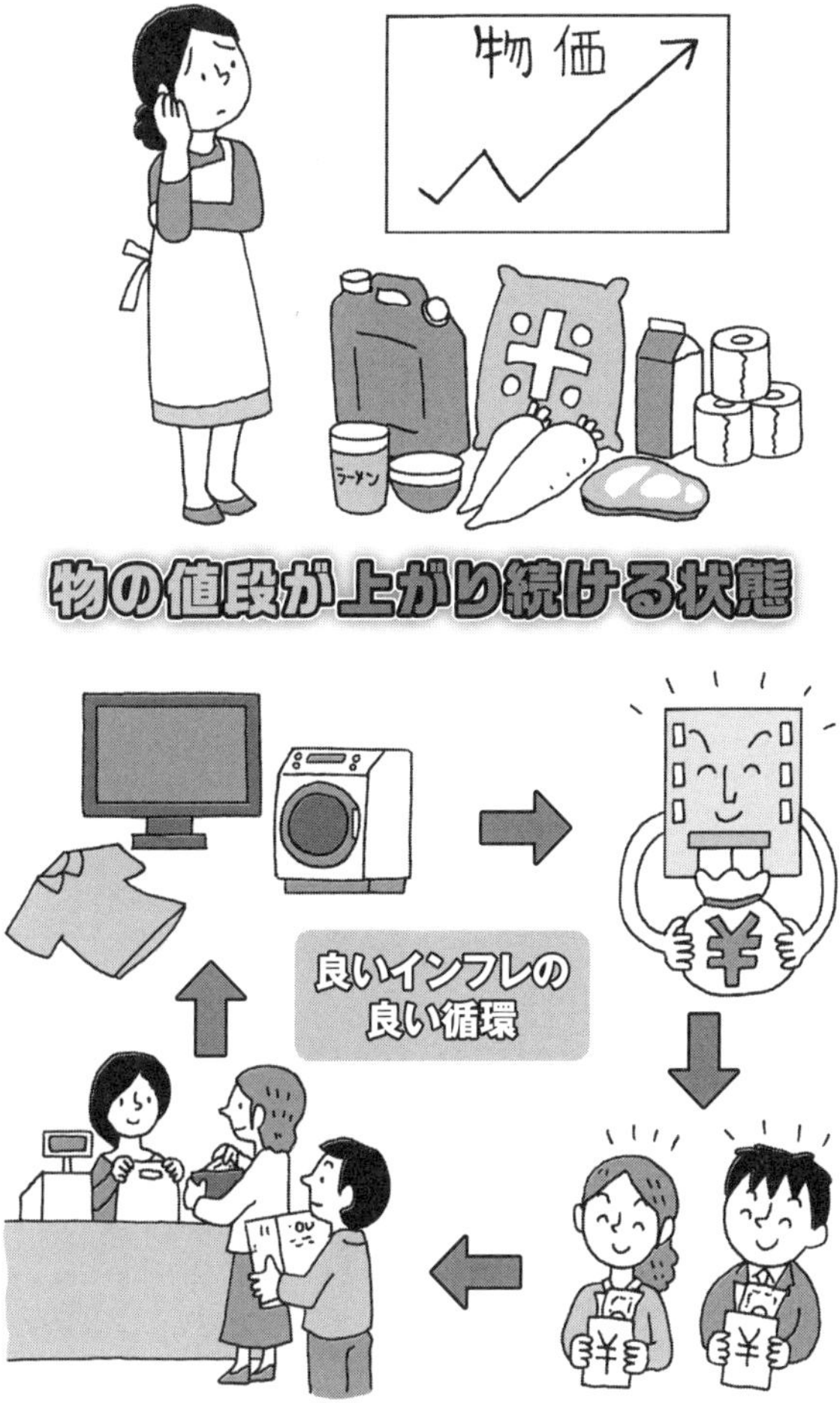
物価
ラーメン
物の値段が上がり続ける状態
良いインフレの
良い循環

も売れ行きは落ちない。

このように、景気がいいときは物価が少しずつ上がっていきます。これを「良いインフレ」と呼ぶことがあります。

インフレの反対はデフレ。いろいろなモノやサービスの値段が全体として下がり続けることです。モノの値段が下がるのは消費者にとってはいいことのように思えますが、それは一面的な見方です。

モノが売れなくて値段を下げると企業は儲かりません。儲からないと社員の給料が減り、家計は苦しくなります。社会に節約志向が広がり、みんながお金を使わないのでモノがなかなか売れない。売れないので企業はさらに値段を下げるようになる。

こうなると悪循環で、らせん状（スパイラル）に渦を巻くように物価が下がり、経済状態が悪化していきます。これは「デフレスパイラル」と呼ばれています。

●「悪いインフレ」が起きている

日本は過去30年、物価も賃金も上がらず、それどころかデフレになっていました。

そこで安倍内閣は、デフレ脱却を目指して公共事業を増やし、金融政策にも力を入れて世の中に流れるお金の量を増やしました。

ここで注意しなければならないのは、お金の量を増やすといっても、一気に増やしすぎると危険だということです。

190ページの川の喩《たと》えのイラストを見てください。あまりに大量の水を流すとダムや堤防が決壊して大洪水になってしまいます。これはインフレが制御不能に陥ったことを表しています。こうなると物価の上昇に歯止めがかからず、どんどん値段が上がって商品の値札を頻繁に貼り替えなければいけなくなります。

そこで、そんなことにならないように、日銀は調整しながらお金の量を増やしてきました。その結果、いくらかの効果はあって、景気も良くなる気配を見せたのですが、デフレを抜け出すところまではいきませんでした。

アベノミクスがうまくいかなかったのは、結局、働く人の給料が増えなかったからです。第5章で述べたように、企業は先行きが不安だからと内部留保を減らすどころか、むしろ増やしました。そのため、いくら国がお金を下流まで流そうとしても、そ

インフレが制御不能になるとどうなる？

の多くがダムや貯水池に貯められてしまい、世の中に回っていきませんでした。結果として、景気も良くならなかったのです。

そうこうしているうちに新型コロナで景気が落ち込み、コロナ禍から立ち直ったと思ったら今度は物価高が日本を襲いました。給料が上がらないのに物価だけ上がる「悪いインフレ」が起きています。

◉低金利なのになぜ景気は良くならないのか?

アベノミクスで日本銀行が強力な金融緩和を始めてから、もう10年以上経ちます。この間、日銀は景気を良くしようと世の中に流すお金の量を増やし続け、金利を低くコントロールしてきました。

ところが、金利はほぼゼロの水準に抑えられているのに、肝心の景気はなかなか良くなりません。これはなぜでしょうか。

結論から言うと、金利を低くしたことの副作用で、想定以上の物価高になってしまい、これが景気に悪影響を及ぼしたのです。

注目すべきは日米の金利差です。日本はとにかく金利が低く、ほとんどゼロのような状態です。一方、アメリカは好景気でインフレがひどくなってしまい、インフレを止めるためにあえて金利を高くして景気過熱にブレーキをかけています。

結果的に、日米の政策金利（短期金利）を見ると、日本がほとんどゼロなのに対し、アメリカは5・25〜5・5パーセントと大きな差がつきました（23年9月時点）。長期金利（10年物国債）で見ても、やはり3パーセント以上の差があります。

ということは、日本の円を持っていてもほとんど儲けはありませんが、ドル建てで預金すれば、円預金より高い利息が得られるということです。そう考えた人たちが大勢円を売ってドルを買い、円安が一時1ドル＝150円程度まで進みました。

円安になれば輸入品は軒並み値段が上がります。これが物価の上昇、そして景気の悪化につながりました。つまり、景気対策で金利を下げたのに、アメリカが金利を大きく上げたため、日本の景気は悪化してしまったのです。景気対策のはずが逆に景気悪化を招くという皮肉な結果でした。

景気対策のはずが逆に景気悪化

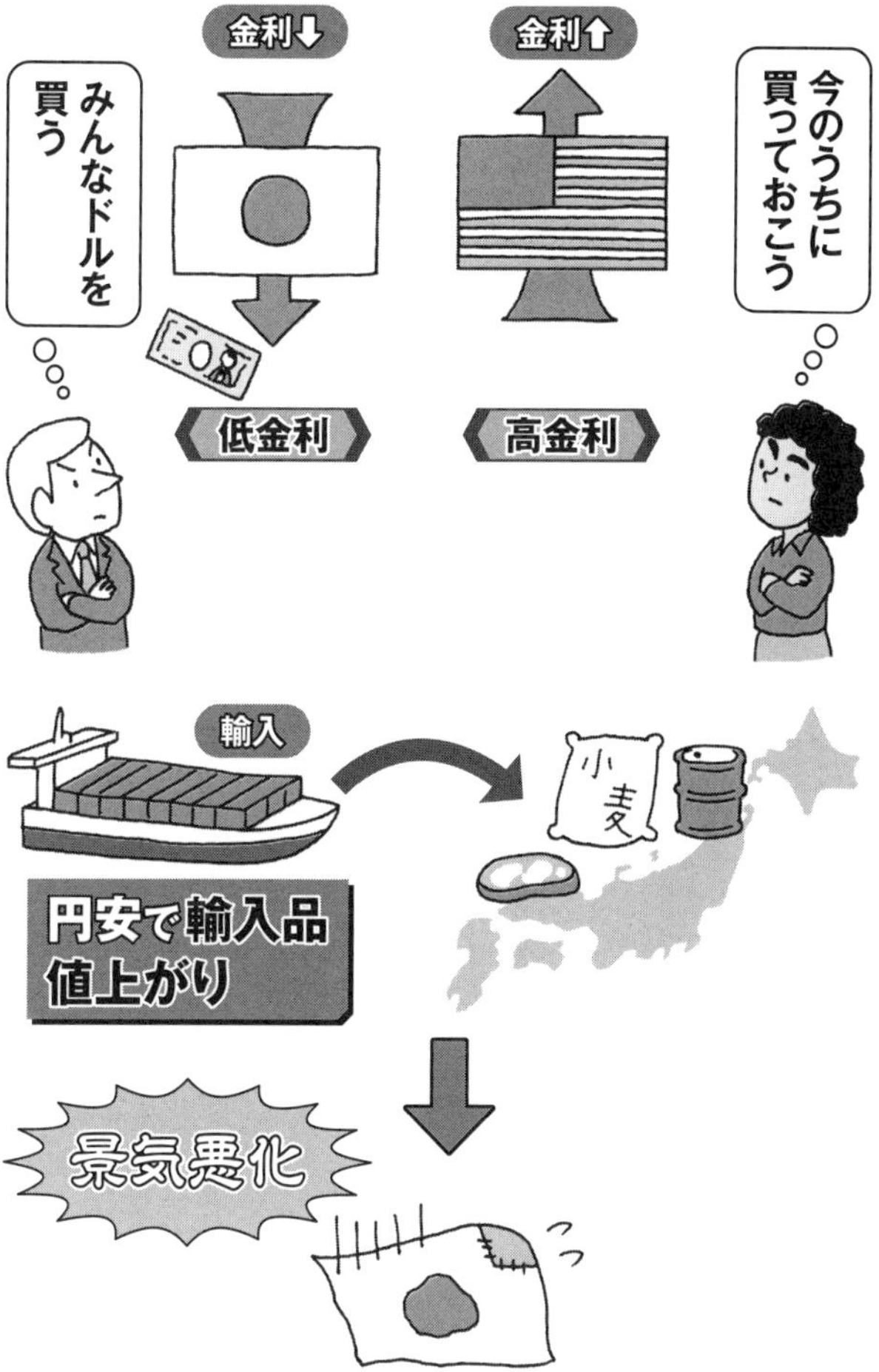

●日本銀行が金融緩和の一部修正に動く

日本銀行は、さすがにこれではいけないと考えたようです。

23年7月、日銀は金融緩和政策の一部修正を行い、長期金利の上昇を1パーセントまで認めると発表。10月末には再度の修正を行って、1パーセントを一定程度超えることも容認しました。

日本とアメリカの金利差が縮小すれば、円安の進行に歯止めがかかるはずです。そうした期待が高まっていたところへ、日銀・植田和男総裁の「年末から来年にかけて一段とチャレンジングになる」（12月7日の参議院財政金融委員会）という発言が飛び出しました。

この発言に反応した投資家たちは、「日銀は金融緩和政策をさらに修正するのではないか。それによって日米の金利差は縮小するだろう」と考え、ドルを売って円を買う動きに出ました。これで円安の流れが反転しました。

23年11月13日に1ドル＝151円74銭だった円相場は、同12月28日現在、1ドル＝

日本銀行の植田和男総裁

「チャレンジングになる」という
発言が大きなニュースになった

写真：日刊工業新聞／共同通信イメージズ

140円81銭まで円高に戻しています。

（出典：日本銀行「外国為替市況（日次）」東京市場ドル・円スポット17時時点）

●「成長と分配の好循環」でデフレ脱却へ

安倍内閣は財政政策や金融政策などを総動員してデフレ脱却を目指しましたが、十分な成果を上げられませんでした。経済活動はある程度活発になったものの、デフレ脱却はできなかったのです。

その理由の一つは、給料が上がらなかったことです。そこで2021年10月に発足した岸田文雄内閣は「新しい資本主義」という考え方を打ち出しました。これは、アベノミクスでは経済成長の果実が国民に十分還元されなかったという反省をもとに、働く人たちに手厚い分配を行い、「成長と分配の好循環」を実現しようというものです。

手厚い分配とは、具体的には働く人への賃上げです。貧困層に対しては、給付を充実させることも選択肢に入っています。

アベノミクスの期間中、企業の内部留保は一貫して増え続けました。内部留保が増えたということは、企業はそれなりに儲かっていたということです。問題は、その儲けを企業が貯め込んでしまったため、お金の流れが滞ってしまったのです。企業が貯め込んだ内部留保をきちんと賃上げに回せば、働く人たちの将来への不安がやわらぎ、みんなが買い物をして景気も良くなるはずです。これが政府のイメージする成長と分配の好循環です。

岸田内閣は、まず看護・介護・保育などで働く人の賃金を上げました。この分野の賃金は国が基準を決めることができるので、2022年2〜9月は月額1〜3パーセント程度の引き上げを実施し、10月以降も継続しています。（1パーセント程度だった

看護は3パーセント程度にアップ）

民間企業については、政府が経済界に高い賃上げの実現を要請しました。2023年春の経営側と労働組合の賃上げ交渉では、経営側が政府の要請に応えるかたちで賃金引き上げを決めています。

数多くの労働組合から成る連合（日本労働組合総連合会）は、ベースアップ（基本給を底上げ）と定期昇給を合わせた23年春の賃上げ率が平均3・58パーセントになったと発表しています。それまで2パーセント前後だった賃上げ率が大幅に引き上げられました。

問題は、これでもまだ急激な物価上昇に追いついていないことです。2024年春以降の賃上げ交渉では、引き続き高い賃上げ率を達成できるかどうか、また賃上げ率が物価上昇率に追いつくかどうかがポイントです。

●給料を増やすと法人税が安くなる！

その他、企業に内部留保の貯め込みをやめさせ、手厚い分配を実現する方策として注目されているのが、賃上げ促進税制です。

これは企業が社員の給料を増やしたら、その会社に対する税金（法人税）を安くするというもので、前からあった制度を拡充して２０２２年度から始まりました。

中小企業の場合、従業員の給与総額を２・５パーセント以上増やし、さらに教育訓練費を10パーセント以上増やせば、給与総額増加分の40パーセントを税額控除できます。つまり、会社の所得に税率を掛けて算出した法人税額から、給与総額増加分の40パーセントを丸ごと差し引くことができるのです。

大企業の場合は、４パーセント以上の賃上げと20パーセント以上の教育訓練費増加で、増やした分の30パーセントを税額控除できます。

賃上げ促進税制は、働く人の賃上げをさらに強力に後押しするため、２０２４年度から控除率を引き上げることが検討されています。

●「貯蓄から投資へ」という呼びかけ

世の中のお金の流れが滞っているのは、企業の内部留保の貯め込みだけが原因では

動かずに眠っているお金

出典：日本銀行「資金循環統計」※2023年9月末時点 速報値

ありません。お金を貯め込んでいるのは家計も同じです。第5章でタンス預金の総額が約１０６兆円に上り、日本の国家予算に匹敵する現金を家計が保有しているという話をしました。

現金、預金、株、債券などを含んだ個人金融資産の総額は約２１２１兆円、そのうち現金と預金が約１１１３兆円と半分以上を占めています（出典：日本銀行「資金循環統計」２０２３年9月末時点）。超低金利時代の今、金融機関に預金するだけではほとんど利子が付かないのに、こんなにも多くのお金が現金・預金というかたちで眠っているのです。

このお金をもっと動かそうということで考案されたのがＮＩＳＡ（ニーサ）です。ＮＩＳＡとよくセットで語られるｉＤｅＣｏ（イデコ）は、私たちの平均寿命が延びたことによる老後資金の不足に備えるものですが、ＮＩＳＡと同様に、眠っているお金を動かすという狙いも込められています。

１９９０年代前半にバブルが崩壊してからは、不景気で金利の低い時代がずっと続いてきました。銀行にお金を預けていても全然増えないことから、国は投資をしてお金を増やそうと国民に呼びかけました。掲げたスローガンは「貯蓄から投資へ」です。国の呼びかけが功を奏して、実際に投資をする人や投資に興味がある人の割合は、ここ10年で大きく増えました。

投資といえば、株や投資信託が思い浮かびますが、今増えているのがＮＩＳＡとｉＤｅＣｏです。株や投資信託などを買って運用しているＮＩＳＡやｉＤｅＣｏを利用して投資するというのが最近の流行です。といっても、よくわからない人もいるかもしれませんね。

簡単に仕組みを説明しておきましょう。

「貯蓄から投資へ」の呼びかけで、投資ブームに

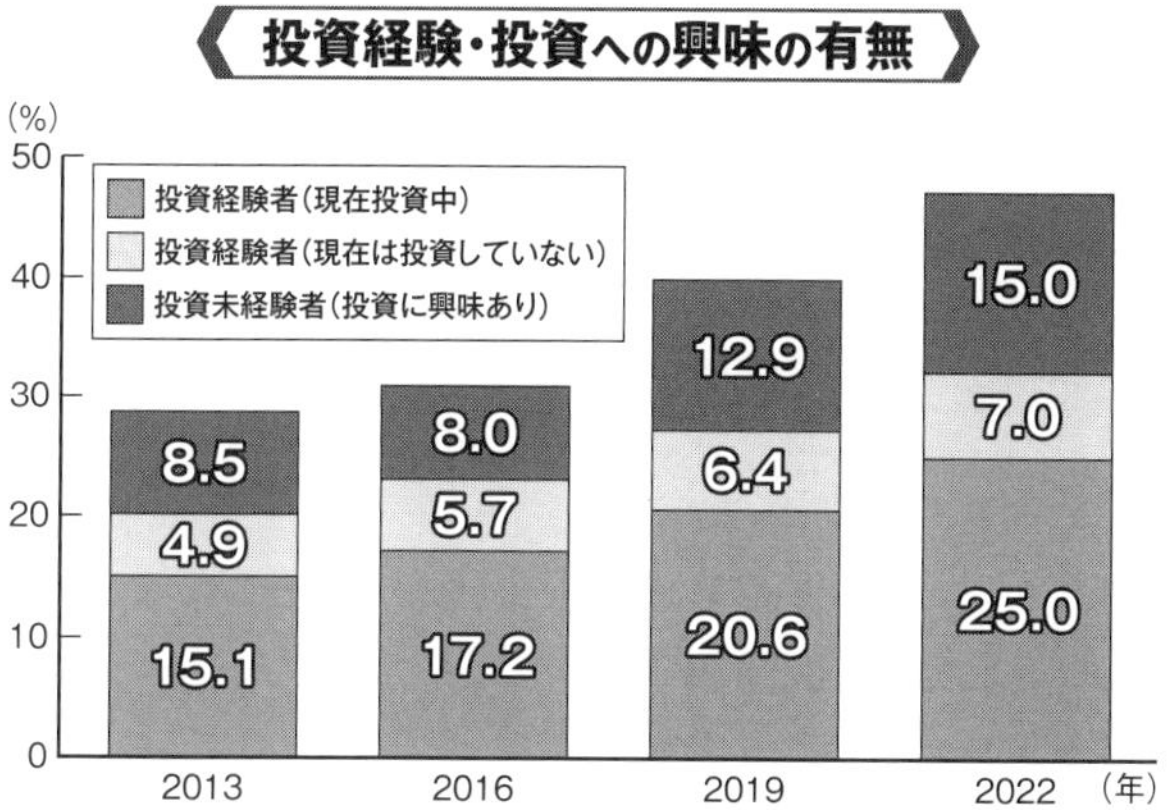

出典：NRI「生活者一万人アンケート（金融編）」

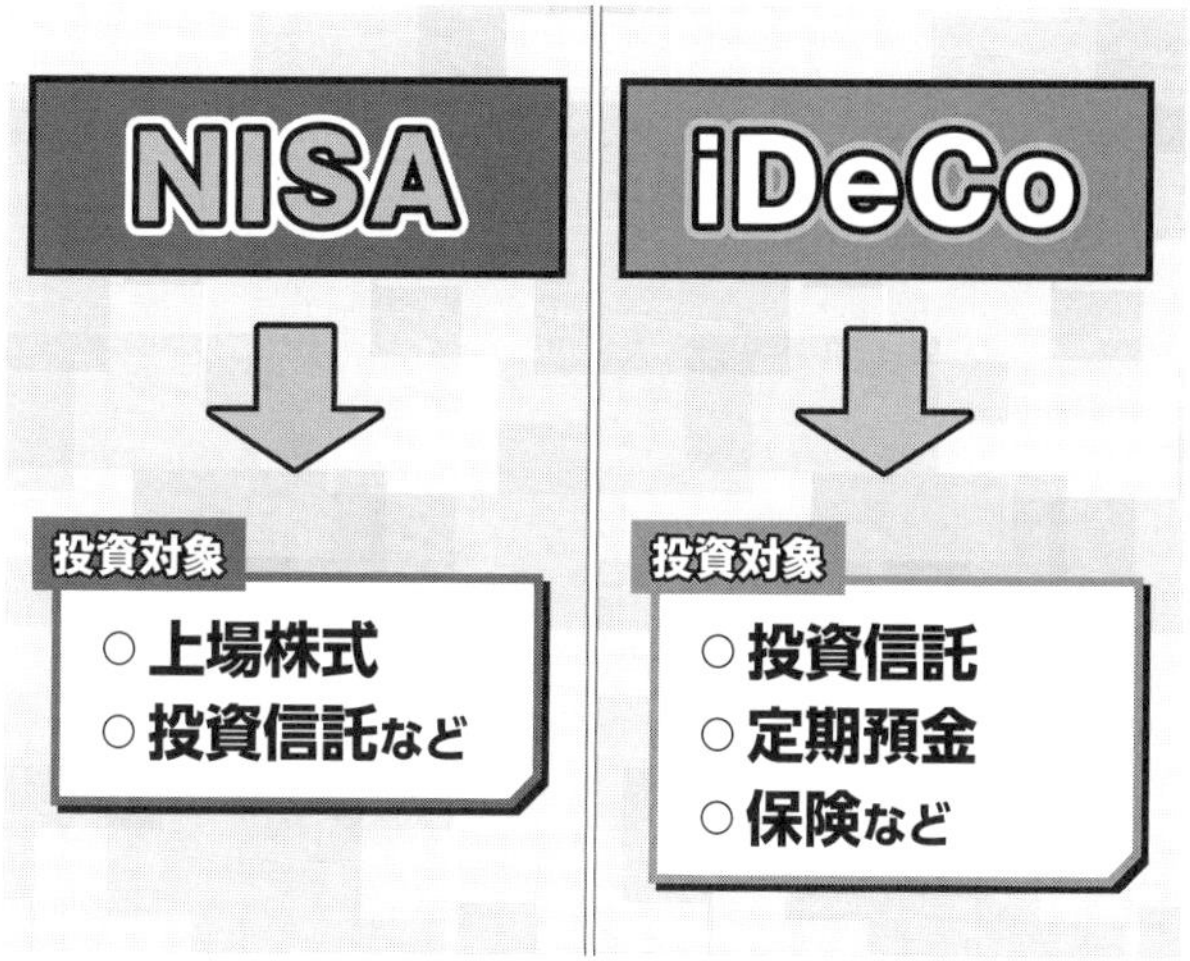

●ＮＩＳＡやｉＤｅＣｏの仕組みを確認!!

ＮＩＳＡの正式名称は少額投資非課税制度。２０１４年にスタートしました。株や投資信託を買うと、投資によって生じた利益から必ず約20パーセントの税金が引かれますが、「少額であれば非課税です。その分利益が増えますよ」というのがＮＩＳＡです。投資額が年間１２０万円以下なら最長5年間税金が免除されます（一般ＮＩＳＡ）。

非課税というメリットを強調して、投資経験のない若い人に「試しに投資してみてください」とアピールしたのです。

10年かけてだいたい軌道に乗ったので、２０２４年からは投資できる額が増え、非課税になる期間も無期限になるなど、新しい制度が始まりました。

ｉＤｅＣｏの方は個人型確定拠出年金と言います。英語表記の individual-type Defined Contribution pension plan の単語の一部からｉＤｅＣｏという愛称になりました。ペンション（pension）は年金のことですね。

NISAとは？

《2024年以降のNISA制度》

	つみたて投資枠	成長投資枠
年間投資額	120万円	240万円
運用期間	無期限	無期限
投資限度額	1800万円 （内、成長投資枠は1200万円まで）	

iDeCoとは？

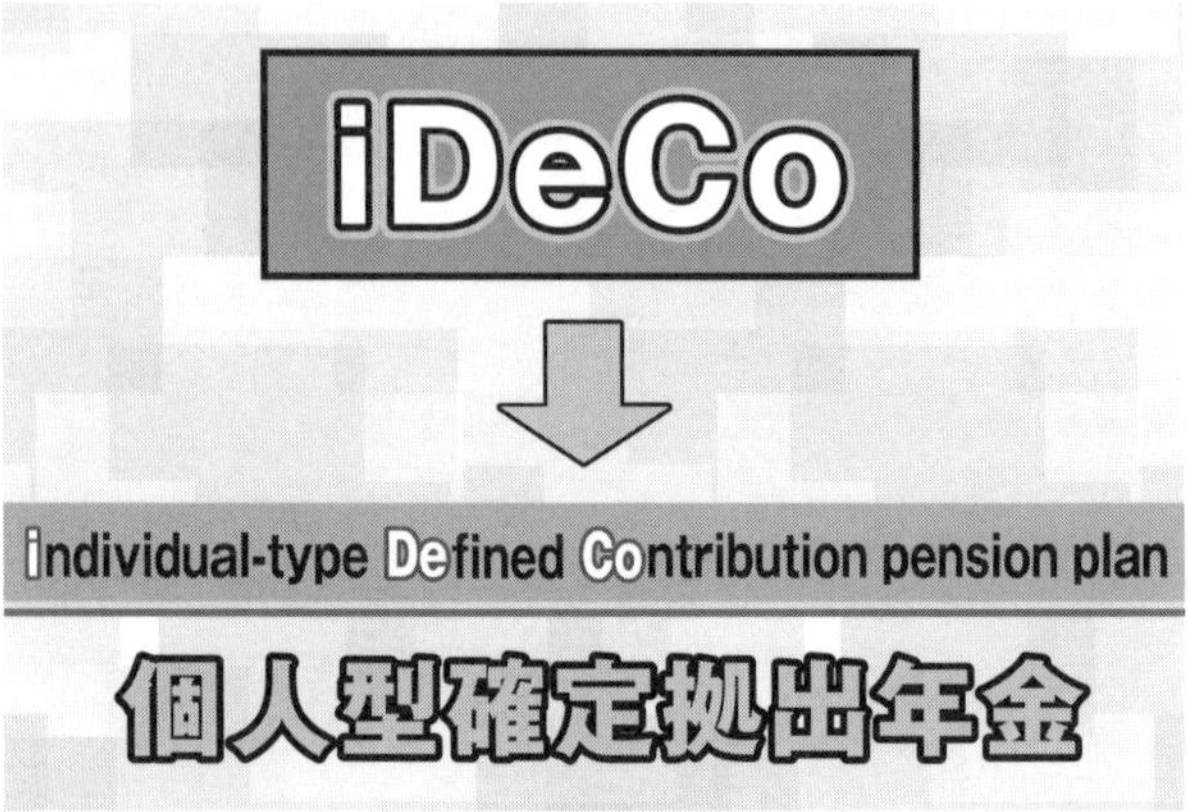
iDeCo
individual-type Defined Contribution pension plan
個人型確定拠出年金

○○証券
○○銀行

あなたが公的年金（厚生年金や国民年金など）の保険料を納めていれば、老後の年金の支給額は自動的に決まります。でも、それだけでは足りないかもしれません。そこで、国がやっている年金とは別に、「個人でもやったらどうですか。個人でも年金を作れますよ」と勧めたわけです。つまり、ｉＤｅＣｏとは投資型の年金のことです。

ｉＤｅＣｏでは、たとえばいろいろな投資信託の中から自分が気に入ったものを選び、毎月掛け金を積み立てて運用してもらいます。その投資信託が上手に運用してくれれば将来もらえる年金額が増え、運用に失敗すれば元本割れする恐れもあります。運用して得た利益は非課税と優遇されますが、投資ですからリスクもあるのです。

そんな中、ここ数年、ＮＩＳＡやｉＤｅＣｏを始める若者世代が急増しています。年代別のＮＩＳＡの口座数の推移を表したグラフを見てください。20代、30代が急増しているのがわかります。40代、50代も結構伸びています。それに対して高齢の世代はだいたい横ばいです。

ただ、これは口座数のデータなので、証券会社に口座を作っただけで取引はしていない人も結構いるはずです。それでも、積極的にやろうという若い人が増えているこ

年代別NISA（一般・つみたて）口座数の推移

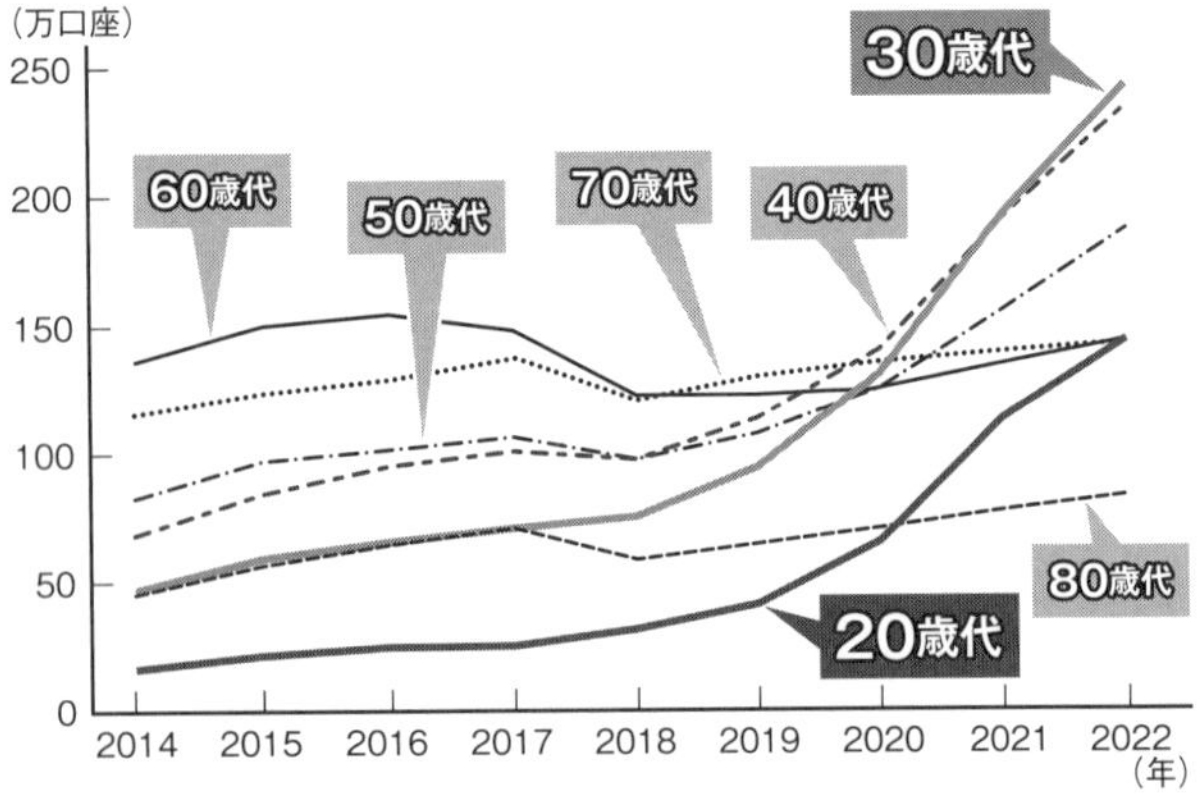

出典：日本証券業協会※全証券会社

とは確かです。

このように、政府は税金のかからない投資の制度を作ることで、眠っているお金を何とかして動かそうとしてきました。ＮＩＳＡやｉＤｅＣｏに集まったお金で株を買えば、株価が上がってその分配当金が増えたり、利益が増えたりして、株を保有している人や企業は潤います。そうやってお金の流れをスムーズにして、景気を良くしようとしたわけです。

◉気の持ち方が景気に影響する!?

景気の「気」は気分の「気」。景気は思いのほか人の気分に左右されるものです。

景気とは「気分」の「景色」

長年続いた不景気のせいで、「どうせこの先、景気は良くならない」とあきらめていると本当に景気は良くなりません。

特にデフレの時代は、モノの値段が下がっていくので、「もっと安くなってから買おう」と考えがちでした。そうやってお金を使わないでいると、お金はゆっくりしか回らず、いつまで経っても景気は良くならないのです。

2023年は久々に大幅な賃上げが実現しました。

24年以降も賃上げが続き、みんなが「これから景気が良くなるぞ」と思えば、消費活動が活発になって本当に景気は良くなります。

ものは考えようです。デフレから抜け出す絶好のチャンスが来ていると考えたらどうでしょうか。

著者略歴

池上　彰（いけがみ・あきら）

1950年、長野県松本市生まれ。慶應義塾大学経済学部を卒業後、NHKに記者として入局。さまざまな事件、災害、教育問題、消費者問題などを担当する。1994年４月から11年間にわたり「週刊こどもニュース」のお父さん役として活躍。わかりやすく丁寧な解説に子どもだけでなく大人まで幅広い人気を得る。

2005年３月、NHK退職を機にフリーランスのジャーナリストとしてテレビ、新聞、雑誌、書籍など幅広いメディアで活動。

名城大学教授、東京工業大学特命教授など、６大学で教える。

おもな著書に『伝える力』シリーズ（PHPビジネス新書）、『知らないと恥をかく世界の大問題』シリーズ（角川SSC新書）、『なんのために学ぶのか』『20歳の自分に教えたいお金のきほん』『20歳の自分に教えたい現代史のきほん』『20歳の自分に教えたい地政学のきほん』『第三次世界大戦　日本はこうなる』『世界インフレ　日本はこうなる』（SB新書）など、ベストセラー多数。

番組紹介

池上彰のニュース そうだったのか!!

最近大きな話題となっているニュースの数々、そして今さら「知らない」とは恥ずかしくて言えないニュースの数々を池上彰が基礎から分かりやすく解説します！ニュースに詳しい方も、普段はニュースなんて見ない、という方も「そうだったのか！」という発見が生まれます。土曜の夜はニュースについて、家族そろって学んでみませんか？

- テレビ朝日系全国ネット　土曜よる８時～放送中
- 〈ニュース解説〉池上 彰
- 〈進行〉宇賀なつみ

■本書は、「ここがポイント!! 池上彰解説塾」(2014年4月14日)、「池上彰のニュースそうだったのか!!」(2022年1月8日、7月16日、11月5日、2023年5月20日、6月17日、9月23日、30日)の放送内容の一部から構成し、編集・加筆しました。

SB新書 647

20歳《さい》の自《じ》分《ぶん》に教《おし》えたい経《けい》済《ざい》のきほん

2024年3月15日 初版第1刷発行

著　者 池上《いけがみ》 彰《あきら》 + 「池上《いけがみ》 彰《あきら》のニュースそうだったのか!!」スタッフ
発行者 小川 淳
発行所 SBクリエイティブ株式会社
〒105-0001 東京都港区虎ノ門2-2-1
装　幀 杉山健太郎
本文デザイン
D T P
図版作成 株式会社キャップス
編集協力 渡邊 茂
イラスト 堀江篤史
写　真 テレビ朝日
共同通信社
毎日新聞
装　画 羽賀翔一/コルク
編集担当 美野晴代(SBクリエイティブ)
印刷・製本 大日本印刷株式会社

本書をお読みになったご意見・ご感想を下記URL、
または左記QRコードよりお寄せください。
https://isbn2.sbcr.jp/23098/

落丁本、乱丁本は小社営業部にてお取り替えいたします。定価はカバーに記載されております。
本書の内容に関するご質問等は、小社学芸書籍編集部まで必ず書面にて
ご連絡いただきますようお願いいたします。

ISBN 978-4-8156-2309-8